Gartenparadiese
mediterran

Gartenparadiese mediterran

Bettina Rehm

KOSMOS

Inhalt

Gartengestaltung mediterran 45

Die schönsten Pflanzen 65

Mediterranes Flair

Mediterrane Lebenslust

Mit temperamentvollen Farben, betörenden Düften, kuscheligen
Möbeln, exotischen Pflanzen und stilvollen Accessoires verlängern
Sie Ihren Mittelmeerurlaub.
Lassen Sie den Traum des Südens wahr werden – zu Hause im
eigenen Garten, auf der Terrasse oder dem Balkon.

Es sind die Pflanzen, Farben und Düfte, die uns aus Urlaubstagen am Mittelmeer im Gedächtnis bleiben. Niemand vergisst das erfrischende Blau und Weiß Griechenlands, wenn er einmal auf der Kykladeninsel Santorini verweilen durfte. Wohlige Wärme durchzieht jeden, der an das kräftige Gelb und Sienarot der Toskana denkt oder sich die sanften Ockertöne und das schimmernde Blaugrau der Provence ins Gedächtnis ruft. Die Italiensehnsucht spricht auch aus Goethes Worten, als er im 18. Jahrhundert so wundervoll schrieb:

> „Kennst du das Land,
>   wo die Zitronen blühn,
> im dunklen Laub die Gold-Orangen glühn,
> ein sanfter Wind vom blauen
>   Himmel weht,
> die Myrte still und hoch der Lorbeer steht
> – Kennst du es wohl?"

Das Licht des südlichen Himmels lässt sich zwar nicht mit nach Hause nehmen, aber den Zauber mediterraner Landschaften können Sie auch im eigenen Garten verbreiten. Die Terrasse bekommt mit Kübelpflanzen, Möbeln und Accessoires schnell südli-

▲ Mit mediterranen Pflanzen, einer kunstvollen Natursteinmauer und Amphore zaubern Sie südliches Ambiente in den Garten.

▶ Die Gazanie ist nur eine Sommerblume unter vielen, die Ihre Terrasse zum leuchten bringt. Sie braucht volle Sonne, damit sie prächtig blüht.

ches Ambiente. Schwieriger ist schon die mediterrane Gestaltung des gesamten Gartens, aber mit ein paar Tricks gelingt auch das. Dieses Buch hilft Ihnen dabei, Ihren Garten in ein Mittelmeerparadies zu verwandeln. Viel Spaß beim Lesen, Planen, Träumen und Genießen!

Farbenfrohe Lebenslust

Mit den passenden Farben zaubern Sie Urlaubsstimmung in Ihr grünes Reich. Auf der Terrasse sorgen südländische Kübelpflanzen mit Blüten in Gelb, Orange, Rot und Pink für gute Laune. Kräftige Farbakzente setzen Sie zum Beispiel mit pinkfarbenen Bougainvilleen oder rot-orangen Wandelröschen. Wenn Sie die Wände in sanftes Gelb, Orange oder Terrakotta tauchen, wirkt der Sitzplatz umso gemütlicher.

Außerhalb des Sitzplatzes kann die Farbgebung etwas dezenter ausfallen: Grüne Hecken und Formgehölze wie Buchsbaum und Eiben passen in einen mediterranen Garten. In kleinen Gärten sorgen Sie mit pastellfarbenen und blau blühenden Stauden für mehr optische Weite. Trotzdem dürfen auch in den Gartenbeeten die knalligen Farben nicht fehlen. Sommerblumen wie Gazanien, Schmuckkörbchen, Zinnien und Ringelblumen bringen südländische Fröhlichkeit in Blumenbeete und Rabatten.

Süße Düfte

Der mediterrane Garten verwöhnt die Nase mit himmlischen Düften. Verzichten Sie auch im eignen Garten nicht auf den Duft blühender Zitrusbäumchen oder Engelstrompeten. An einer windgeschützten Stelle halten sich die Düfte am besten und verflüchtigen sich nicht so schnell. Ein wenig Fingerspitzengefühl erfordert ein Arrange-

▲ **Zwischen blühenden Kübelpflanzen, geschützt durch eine Hecke, laden mediterrane Köstlichkeiten zum Schlemmen ein. Es lebe la dolce vita!**

ment mit verschiedenen Duftpflanzen. Ein harmonisches Aroma-Potpourri ergibt sich bei Kombination gleichartiger Düfte: Würzige Aromen, zum Beispiel Lavendel und Myrte *(Myrtus communis),* harmonieren miteinander genauso gut wie das frische Aroma der Zitruspflanzen mit dem Duft der Orangenblume *(Choisya ternata).*

Planen Sie in Ihrem Garten auch immer ein Plätzchen für Kräuter ein. Thymian, besonders der Zitronenthymian sowie Salbei

oder Rosmarin duften nicht nur verführerisch, sie sind auch unverzichtbarer Bestandteil der mediterranen Küche. Schließlich schmeckt an einem lauen Sommerabend nichts köstlicher als ein Tomaten-Mozzarella-Salat mit frischem Basilikum. Richtig Spaß machen neue, robuste Sorten der bekannten Mittelmeerkräuter, wie zum Beispiel die Rosmarinsorte 'Blue Winter', die viel frostfester als der normale Rosmarin ist und auch leichten Frost gut übersteht.

◄ Wer genug Platz hat, legt sich eine kleine Ruine in seinem mediterranen Paradies an. Von Kletterpflanzen berankt, fügen sich Steinwände harmonisch ins Gartenreich ein.

▼ Machen Sie Gartenurlaub unter Palmenblättern. Die meisten Palmen, auch die Petticoat-Palme, sind bei uns am besten im Topf aufgehoben, da sie die Winter im Haus verbringen müssen.

dem Lavendel und zarten Rosenblüten (verschiedene Stilrichtungen finden Sie auch ab Seite 36). Richtigen Mittelmeerfans, die schon alle Traumziele von der spanischen Costa Brava, über die französische Provence, der italienischen Toskana bis zu den griechischen Inseln im Ägäischen Meer besucht haben, wird die Entscheidung für einen bestimmten Stil freilich schwer fallen. Aber wenn die gewählten Farben sowie die Kombination von Möbeln, Pflanzen, Töpfen und Accessoires harmonieren, ist ein fröhlicher Ländermix natürlich auch erlaubt.

Urlaubsgarten zum Wohlfühlen

Beschränken Sie Ihre mediterrane Gestaltungslust nicht nur auf die Terrasse. Mit frostharten Pflanzen und den richtigen Baumaterialien geben Sie dem gesamten Garten Urlaubsstimmung. In Regionen mit mildem Klima fällt dies besonders leicht, weil hier frostempfindlichere typische Mittelmeerpflanzen im Beet wachsen können und im Winter nicht ins Haus geräumt werden müssen. Zu diesen „Südländern" gehört die zwei bis vier Meter hohe Hanfpalme

La dolce vita auf der Terrasse

Das Herzstück des Mittelmeergartens ist die Terrasse. Mit den passenden Pflanzen und Accessoires können Sie Ihrem Sitzplatz eine bestimmte Stilrichtung geben, zum Beispiel ein maurisch-andalusisches Ambiente mit rechteckigen Wasserbecken, bunten Fliesen und duftenden Zitrusbäumchen. Klassisch italienisch wird's mit antik anmutenden Steinfiguren und Buchsbaumkugeln. Wer die Provence liebt, überdacht seine Terrasse mit einer Wein berankten Pergola und sitzt auf Bistromöbeln zwischen violett blühen-

▲ So üppig wie in Griechenland wird die Bougainvillee bei uns zwar nicht, aber als Kübelpflanze sorgt sie auf der Terrasse für Mittelmeerfeeling.

(Trachycarpus fortunei), die mit einem Kronenschutz den Winter draußen überwintern kann. Als größeres Exemplar ausgepflanzt, ist sie hart im Nehmen und verträgt zeitweise Frost bis −15 °C. An geschützten Plätzen übersteht auch die laubabwerfende Bitterorange *(Citrus trifoliata)* die Wintermonate im Freien. Aber es sind jedoch nicht nur die südländischen Pflanzen, die für mediterrane Atmosphäre sorgen. Mit einer geschickten Raumaufteilung, zum Beispiel durch Hecken, machen Sie den Garten so ge-

mütlich wie eine grüne Wohnung. Mit Laubengängen und Pavillons schaffen Sie Aufenthaltsräume, die zum Leben im Freien einladen – ganz so wie es im Süden üblich ist. Verwenden Sie natürliche Baumaterialien in Ihrem mediterranen Garten. Wege aus hellen Natursteinplatten oder feinem Kies und Pergolen aus schlichten Rundhölzern erinnern an Gartenszenen aus Griechenland, Spanien oder Italien (mehr zum Thema „mediterrane Gartengestaltung" gibt es ab Seite 46 zu lesen).

Lassen Sie sich einfach von den Gärten des Südens inspirieren. Es muss ja nicht gleich der gesamte Garten umgestaltet werden. Eine gemütliche Bank, eingerahmt von zwei üppigen Schmucklilien *(Agapanthus),* oder ein kleines Arrangement aus pflegeleichten Kübelpflanzen wie Wandelröschen oder Schönmalven kann zum Beispiel schon der erste Schritt zum mediterranen Traumgarten sein. Überstürzen Sie nichts und planen Sie mit dem nötigen Savoir vivre – ganz langsam und genüsslich!

Entspannen
und Genießen

Terrasse mediterran

Mittelmeerurlaub auf der Terrasse

Urlaubsflair für Ihr Zuhause: Richten Sie sich mit gemütlichen Möbeln, üppigen Kübelpflanzen und schönen Wandfarben Ihren eigenen mediterranen Sitzplatz ein.

Auf der Terrasse trifft sich die ganze Familie, hier wird gegessen, gespielt, gefeiert. Hier sucht man Erholung nach einem stressigen Tag und genießt laue Sommerabende und Wochenenden.

▲ Blaue Gartenmöbel und Kübelpflanzen wie das Zitrusbäumchen bringen gute Laune auf den Sitzplatz.

◀ So sieht die perfekte Mittelmeerterrasse aus: Vor sandfarbenen Wänden bilden Wasserbecken, Kiesfläche, Bistromöbel, Buchsbaumkugeln und andere Kübelpflanzen eine traumhafte Einheit.

Damit sich das Familienleben draußen abspielen kann, sollte das Freiluftwohnzimmer ausreichend groß sein. Für einen Tisch mit sechs Stühlen sollten Sie mindestens zehn bis zwölf Quadratmeter einrechnen. Da zusätzlich noch ein paar Kübelpflanzen und vielleicht ein gemütlicher Liegestuhl untergebracht werden müssen, sollten Sie die Terrasse möglichst großzügig gestalten.

Wohlfühlen wie im Urlaub

Machen Sie es sich auf Ihrer Terrasse so richtig gemütlich. Bequeme Möbel sind dabei das A und O. Für kürzere Pausen oder einen

nicht allzu ausgedehnten Kaffeeklatsch bieten sich durchaus die typisch griechischen Kaffeehausstühle oder filigrane Eisenmöbel à la Provence an, aber bei längeren Aufenthalten kann es ruhig ein bisschen bequemer sein. Genießen Sie Ihren Lieblingsplatz zum Beispiel in gemütlichen Korbsesseln. Möbel in Rattanoptik gibt es aus Kunstfasern, die wetterfest sind, also auch bei Regen im Freien stehen bleiben können. Auf der Mittelmeerterrasse darf natürlich ein großer Tisch nicht fehlen. In geselliger Runde mit Freunden genießt man hier Spaghetti, ofenfrische Bruschetta und ein Glas Vino.

Schützen Sie Ihre Terrasse mit einer begrünten Pergola vor der Mittagshitze – so beschatten die Südländer seit Jahrhunderten ihre Sitzplätze. Kletterpflanzen wie Blauregen *(Wisteria)*, Echter Wein, Kletter-

rosen oder duftende Geißblatt-Arten *(Lonicera caprifolium* oder *Lonicera × heckrottii)* dämpfen grelles Sonnenlicht. Aber nicht nur eine Überdachung der Terrasse sorgt für Gemütlichkeit, auch ein seitlicher Sichtschutz, der fremde Blicke fern hält, sorgt für eine wohnliche Atmosphäre. Fest installierte Rankgitter und Sichtschutzelementen aus Holz können Sie mit frostharten Kletterpflanzen wie der Pfeifenwinde *(Aristolochia macrophylla)* in blickdichte grüne Wände verwandeln. Wer die Sichtschutzelemente auch mal verstellen möchte, der macht es wie die Besitzer der Straßencafés in Italien, Spanien oder Griechenland: In großen Pflanzkästen werden Rankgitter befestigt, an denen mediterrane Kübelpflanzen, zum Beispiel Bougainvillee, Passionsblume oder Bleiwurz malerisch empor ranken.

▲ Südländisches Ambiente modern interpretiert: Farbig gestrichener Beton ist das Material für Tisch und Bodenbelag. Eine Kletterrose, Feige und Weinrebe rahmen den Sitzplatz ein. Besonders gelungen ist das Ton in Ton gehaltene Terrassenbeet mit Schafgarbe, Königskerze und Ziertabak.

▲ Hier fühlt sich die ganze Familie wohl: den Großen gefällt die Blütenprachtder Kübelpflanzen, die Kleinen freuen sich über den mobilen Sandkasten.

◀ Kontraste bringen Abwechslung auf die Terrasse. Hier heben sich die feinen, grünen Halme der Ziergräser eindrucksvoll von der rot und orange gestrichenen Wand ab.

Hauptdarsteller: mediterrane Pflanzen

Eine südländische Terrasse ohne Kübelpflanzen – undenkbar! Lassen Sie mit Oleander, Bougainvilleen und Zitrusbäumchen Urlaubsträume wahr werden. Die fantastische Auswahl an mediterranen Topfstars macht das Einrichten mit Pflanzen zum Genuss (siehe auch ab Seite 30). Behalten Sie jedoch frisch gekaufte Kübelpflanzen gut m Auge: Einige Pflanzen, zum Beispiel der Erzianstrauch, werden oft mit Stauchungsmitteln behandelt, die den Pflanzen einen unnatürlich kompakten Wuchs verleihen. Lässt die Wirkung der Mittel nach, müssen Sie Ihre Topfschönheiten durch regelmäßigen Rückschnitt selbst in Form halten.

Die wichtigen Kleinigkeiten

Ein Sitzplatz bekommt erst mit den passenden Accessoires den letzten Schliff: Schlanke Amphoren, Pinienzapfen aus Terrakotta und Statuen sind Klassiker. Mosaiktische, weißblaue Wandfliesen und italienische Terrakottareliefs machen die Terrasse zur Wohlfühloase. Aber dekorieren Sie mit Bedacht. Einige wenige Lieblingsstücke sehen besser aus, als ein wildes Sammelsurium.

Reservieren Sie unbedingt einen Platz für eine Wasserstelle. Ein rechteckiges Becken, Wandbrunnen oder eine Wasserrinne am Rand der Terrasse bringen erfrischende Abkühlung an heißen Sommertagen.

Traumfarben für Wand und Boden

Nicht nur Möbel, Kübelpflanzen und Accessoires zaubern mediterranes Flair, auch die Wände und der Bodenbelag auf der Terrasse sollten ins Mittelmeerambiente passen. Als Bodenbelag bieten sich Natursteinpflaste-

den Kies. Die Kiesschicht sollte nur zirka fünf Zentimeter hoch sein, damit man beim Gehen nicht zu stark wegrutscht. Mit der richtigen Wandfarbe bestimmen Sie die Atmosphäre auf Ihrem Sitzplatz: Eine weiß getünchte Wand wirkt hell und freundlich und lässt Farben noch intensiver strahlen – man denke nur an Griechenlands typischste Postkartenmotive: Pinkfarbene Bougainvillee vor einer weißen Hauswand! Kleine Terrassen wirken mit einem weißen Rahmen größer. Bei größeren Sitzplätzen können Sie jedoch Farbe ins Spiel bringen. Wände in sanftem Terrakotta, Safran oder Rot sorgen auch an trüben Tagen für eine sonnige Atmosphäre. Tragen Sie die Farben mit Wischtechnik auf, damit die Wände wie von der Sonne gebleicht aussehen.

Ein Tipp für Perfektionisten: Zur südländischen Lebensart passt es, wenn sich Pflanzen in Pflasterfugen ausbreiten, von Töpfen Kanten abgestoßen sind und vom Holzstuhl Farbe abblättert. Denn im mediterranen Garten gilt: Genießen statt reparieren!

▲ **Eine malerische Treppe führt zum Sitzplatz herab und verbindet Garten und Terrasse.**

▶ **Südländer spielen gerne mit Farben: Orange, Violett, Grün und Blau: die pure Lebensfreude!**

rungen in warmen Beige- oder Rottönen an, zum Beispiel aus Sandstein oder Porphyr. Steinplatten wirken schön großzügig und lassen kleine Sitzplätze größer erscheinen.

Mit Terrakottafliesen oder Mosaiken geben Sie dem Terrassenboden das besondere Etwas. Wer es ganz natürlich mag, wählt einen Kiesbelag. Das leise Knirschen der Steine beim Betreten klingt einfach wunderbar und sorgt für Wohlfühlatmosphäre. Legen Sie ein Unkraut unterdrückendes Vlies unter

Wände und Böden

▲ Haben Sie Mut zur Lücke! Niedrige Polsterstauden wie Thymian fühlen sich in kleinen Mini-Beeten im Bodenbelag wohl. Dazu sparen Sie beim Verlegen einfach Steine aus und füllen die leeren Zwischenräume mit nährstoffarmer Erde auf.
Wichtig: Bei extremer Trockenheit nicht vergessen, die Pflanzen zu gießen.

◄ Wer es richtig bunt mag, legt sich eine Mosaik-Ecke an. In den Mittelmeerländern zieren kunstvolle Mosaike Pflasterflächen genauso wie Wasserbecken oder Türrahmen. Verschiedene Farben, Formen und Größen der Fliesen werden in einem fröhlichen Mix zusammengestellt.
Wichtig: In unseren Breiten müssen die Fliesen unbedingt frostfest sein.

► Erdfarbene Platten sehen schön freundlich aus und passen perfekt ins mediterrane Ambiente. Natursteinplatten gibt es zum Beispiel aus Porphyr oder Sandstein. Eine Fläche wirkt spannend, wenn Sie verschiedene Plattengrößen miteinander kombinieren.

Lieblingsplätze im Grünen

Zum mediterranen Lebensstil gehört die Geselligkeit. Das Treffen
mit Freunden und Familie macht umso mehr Spaß, wenn es im
Freien stattfinden kann.
Sitzplätze im Garten, auf denen man sich treffen, aber auch alleine
entspannen kann, sind deshalb ein absolutes Muss!

Das Leben im Süden spielt sich hauptsächlich im Freien ab. Kein Wunder, denn das gute Wetter macht den Garten zum grünen Wohnzimmer. Nach typisch südländischer Art wird jede Gelegenheit genutzt, um ein Schwätzchen mit Nachbarn zu halten. Dazu eignet sich eine gemütliche Bank vor dem Haus genauso gut wie eine kleine Sitzmauer im Garten. Richtig gemütlich wird ein Treffen auf der Gartenbank erst, wenn man dabei „Rückendeckung" bekommt. Vor der Hausmauer oder vor einer Hecke fühlt man sich geschützt und kann in Ruhe plauschen oder einfach nur die Seele baumeln lassen. Schöne Plätze für eine Bank finden Sie in Ihrem mediterranen Paradies sicherlich viele: im Vorgarten mit Blick auf das Straßengeschehen, vor dem Gartenhäuschen oder ganz kuschelig eingerahmt von einer halbhohen Eibenhecke. Welches Material und welche Form Sie wählen, hängt von Ihrem Geschmack und dem Stil Ihres Mittelmeergartens ab. In einen provenzalisch gestalteten Garten passen filigrane Eisenbänke, die sich harmonisch zwischen duftendem Lavendel und zarten Rosenblüten einfügen. Wer es lieber griechisch-rustikal mag, streicht einfache Holzstühle strahlend blau

an. Gemütliche Sitzkissen in Weiß oder Beige nicht vergessen!

Bank ist nicht gleich Bank – es gibt so viele verschiedene Modelle, dass die Kaufentscheidung wirklich schwer fällt. Wie wäre es zum Beispiel mit einer Rundbank um einen Baum oder einer formschönen Bank aus Korbgeflecht? In einen klassischen Renaissancegarten mit von Buchsbaum umrandeten Beeten, Steinfiguren und hohen Schnitthecken, fügt sich eine schwere, edle Bank aus Steinguss prima ein. Die Kombination aus steinernen Rundbänken und einem massiven Steintisch verleiht auch einem Pavillon romantisches Ambiente.

Siesta im Schatten

Selbst Sonnenanbetern wird es im Sommer auf einer Südterrasse oft zu heiß. Da ist ein zweiter Sitzplatz im Schatten Gold wert. Unter Bäumen oder im Schatten hoher Sträucher lassen sich Temperaturen über 30 °C genüsslich aushalten. Für den ganz privaten Lieblingsplatz reicht ein gemütlicher Liegestuhl auf der Rasenfläche oder eine Hängematte zwischen zwei Bäumen. Wer den Schattenplatz jedoch mit mehreren Personen samt Tisch und Stühlen öfter nutzen möchte, sollte die Fläche pflastern oder mit Kies auffüllen. Für gemütliche Wohnzimmeratmosphäre sorgt ein Sicht-

◄ So wird ein Mini-Balkon zur Griechenlandoase: Mit einem typisch griechischen Bistrostuhl, weißem Holzfußboden, mediterranen Kübelpflanzen, einem alten Ölkanister als Pflanztopf und trendigen Accessoires aus Zink.

► Richten Sie sich mit einem gemütlichen Korbsessel und einem kleinen Mosaiktisch Ihren Lieblingsplatz ein, zum Beispiel unter duftenden Engelstrompeten.

schutz durch eine hohe Hecke. Tipp: lassen Sie auf jeden Fall eine Seite Ihres Zweitsitzplatzes unverstellt, damit Sie sich nicht eingesperrt fühlen und die Sicht in den Garten nicht behindert ist. Mit attraktiven, schattenverträglichen Pflanzen wie Johanniskraut *(Hypericum calycinum)*, Buchsbaum, Funkie *(Hosta)* sowie rosa oder weiß blühendem Fingerhut *(Digitalis purpurea)* lassen sich die angrenzenden Beete gestalten. Und selbst auf Kübelpflanzen brauchen Sie nicht zu verzichten: Fuchsien, Lorbeer *(Laurus nobilis)*, Klebsame *(Pittosporum tobira)* und Zitronenstrauch *(Aloysia triphylla)* kommen auch mit wenig Sonne aus.

► ► **Zwei Stühle, ein Hochstämmchen und ein paar blühende Topfpflanzen dazu – mehr ein Sitzplatz für zwei Personen gar nicht: Nicht vergessen: Bequeme Sitzkissen bitte mitbringen!**

► **Frisch gepressten Orangensaft kann man am schönsten unter den eignen Zitruspflanzen genießen. Denken Sie an eine Sitzgelegenheit in der Nähe der duftenden Zitrusbäumchen.**

◄ **Schützen Sie Ihren Lieblingsplatz mit einer Mauer vor fremden Blicken.
Pelargonien und weiß blühende Strauchmargeriten schmücken große Terrakotta- und Metallgefäße.**

Pavillons für Romantiker

Ein Häuschen im Grünen – diesen Traum können Sie sich mit einem Pavillon im Garten erfüllen. Offene Eisengestelle wirken schön filigran und können von Kletterrosen oder Clematis erobert werden. In unseren Breitengraden, in denen Regentage leider häufiger als am Mittelmeer vorkommen, bietet sich ein geschlossener Pavillon an. Ein Dach und schützende Wände machen das Mini-Haus im Grünen auch bei Schmuddelwetter nutzbar. Mit einem sonnengelben Anstrich und Kübelpflanzen vor der Tür verbreitet Ihr Gartenhäuschen auch bei trüber Witterung Urlaubslaune. Ganz wichtig: Vergessen Sie nicht den Stromanschluss, damit Sie in den Abendstunden Leuchten anschalten und, wenn es kühler wird, mit einem Wärmestrahler für angenehme Temperaturen sorgen können.

Mein Kuschelplatz auf der Terrasse

Möchten Sie auch manchmal dem ganzen Familientrubel auf der Terrasse entfliehen? Kein Problem, richten Sie sich einfach Ihren privaten Kuschelplatz ein. Zwischen Zitronenbäumen und stattlichen Oleandersträuchern finden Sie für sich und Ihren Stuhl immer ein freies Eckchen. Für schnellen Sichtschutz werden einjährige Kletterpflanzen wie Prunkwinde *(Ipomoea tricolor)*, Schwarzäugige Susanne und Duft-Wicke *(Lathyrus odoratus)* am Rankgitter hochgezogen. Mit klassischen mediterranen Sommerblumen, zum Beispiel Portulakröschen *(Portulaca grandiflora)*, Spanischem Gänseblümchen *(Erigeron karvinskianus)*, Gazanien *(Gazania)*, Kapuzinerkresse *(Tropaeolum majus)* und Zinnien *(Zinnia-*Arten) bringen Sie Ihren Lieblingsplatz zum Blühen.

Gartenmöbel

Ein Innenhof, ein geschlossener Freiluft-
raum, ist ein wirklicher Glücksfall für jeden
Mittelmeerfan. Hier lässt sich der Traum
vom Süden auf wenigen Quadratmetern
verwirklichen. Geben Sie mit Kübelpflanzen,
terrakotta-farbenen Wänden und stilechten
Bistromöbeln Ihrem Innenhof das Flair eines
andalusischen Patios. Ein plätscherndes
Wasserspiel und leise knirschender Kiesbelag auf dem Boden sorgen für Wohlfühlatmosphäre. Mit den richtigen Tricks finden
ungeahnt viele Topfpflanzen in kleinen Hö-
fen ein Zuhause: Eine Parade aus Tontöpfen
schmückt die Wände – am liebsten bestückt
mit rot blühenden Geranien. Hochstämmchen nehmen wenig Platz weg und lassen
sich prima mit Sommerblumen, zum Beispiel weiß blühendem Duftsteinrich *(Lobularia maritima)* unterpflanzen. Auf Etageren
und Blumentreppen können Sie ebenfalls
viele Topfpflanzen unterbringen. Achten Sie
in ganz kleinen Innenhöfen auf eine besonders helle, filigrane Gestaltung: Pastell-
farbene Blüten und weiß getünchte Wände
lassen den Gartenraum größer erscheinen.
Zarte, verspielte Eisenmöbel im provenzalischen Stil erfüllen Ihren mediterranen Patio
mit beschwingter Leichtigkeit.

▶ Eine gemütliche Liege mit extralangem Fußteil lädt hier zum Entspannen ein. Die Sitzfläche aus Holz strahlt Wärme aus und macht Ihre Terrasse schön wohnlich. Achten Sie beim Kauf von Tropenholz auf das FSC-Siegel, das auf umweltverträglichen Holzabbau hinweist. Eine gute Alternative zu Tropenholz ist die europäische Robinie, die genauso witterungsbeständig wie Teak oder andere Tropenhölzer ist.

◀ Abends wird's im mediterranen Garten erst richtig gemütlich. Speziell kleine Gartenräume lassen sich mit Kerzenschein und Fackeln in romantisches Licht tauchen. Wer den Boden auf dem Sitzplatz nicht befestigt hat, steckt die Fackeln hier in die Erde, sonst finden sie in den angrenzenden Beeten ihren Platz.

◀ Filigrane Eisenmöbel fügen sich gut zwischen großen Terrakottatöpfen und Kübelpflanzen. Dabei dürfen die Stühle ruhig etwas Rostpatina angesetzt haben, das passt zum südländischen Laissez-faire-Stil. In Frankreich sieht man die kleinen, praktischen Bistromöbel oft in luftigleichten Pastellfarben oder im edlen Grün. Tipp: Sitzkissen machen die Pause bei einem Café au lait noch bequemer.

Wasserträume zum Genießen

Richten Sie sich eine mediterrane Oase der Ruhe ein, in der Wasser die Sinne verwöhnt. Für Wandbrunnen, kleine formale Becken oder einen Sprudelstein findet sich auch in kleinsten Gärten ein Platz. In mediterranen, besonders in maurischen Gärten, ist Wasser allgegenwärtig. In den Innenhöfen der Alhambra und anderen Palästen sprudeln imposante Wasserfontänen in architektonischen Wasserbecken. Diese Gärten galten mit ihrem kühlen Wasser und üppigen Blumen als Abbild des Paradieses.

◄ Mit einem Wandbrunnen aus Terrakotta holen Sie die belebende Wirkung des Wassers auch auf eine kleine Terrassen.
Den Sommer über zieren Wasserhyazinthen und Wassersalat das Becken.

► Die großzügige Anlage mit Kiesfläche und Trittplatten bringt diesen ebenerdigen Springbrunnen erst richtig zur Geltung. Ein besonderer Blickfang ist das Muster aus weißen Flusskieseln.

Wasserbecken passen überall

Wasserbecken mit geometrischen Formen, egal ob rechteckig, quadratisch oder kreisrund, lassen sich besonders gut in kleine Gärten integrieren, weil man sie auch auf engstem Raum realisieren kann. Sie können zum Beispiel mit einem quadratischen oder runden Becken wunderschön den Mittelpunkt eines Gartenhofs betonen. Umrahmen Sie die Wasserstelle mit einer ruhig gestalteten Fläche aus Sandsteinplatten oder Kies, damit die Beckenform gut zur Geltung kommt. Sie können das Becken entweder ebenerdig in den Boden einlassen oder mit einer Mauer umgeben und so dem Becken vierzig bis sechzig Zentimeter Höhe geben. Dekorativ wirkt ein Beckenrand mit blauweiß glasierten Fliesen, den so genannten Azulejos. Wer es noch farbenfroher mag, legt den Beckenboden mit kunterbunten Mosaikfliesen aus. Auch in größeren Gärten passen formal gestaltete Wasserbecken.

Platzieren Sie diese möglichst in Sitzplatznähe, damit Sie die angenehme Kühle des Wassers an heißen Sommertagen hautnah spüren. Wasser ist besonders faszinierend, wenn es sich bewegt. Für Plätschern und Glitzern sorgen Wasserspeier. In Ihr eigenes Mittelmeerparadies passen Nachbildungen antiker Figuren wie römische oder griechische Gottheiten, aus denen ein Wasserstrahl sanft ins Becken sprudelt. Wer es dezenter mag, funktioniert eine Amphore zu einer Quelle um. Legen Sie das Gefäß auf den Beckenrand, sodass sich das Wasser zunächst in der Amphore sammelt und erst dann ins Becken überläuft. Ein Stück mediterrane Lebensfreude holen Sie sich mit einem Springbrunnen in den Garten. Sogar in kleinsten Wasserbassins können Sie das Plätschern der Wasserfontänen genießen.

Wichtig: Je nach Beckengrößen und Fontänenhöhe muss man unterschiedliche Pumpen und Sprudelaufsätze wählen.

Wandbrunnen mit mediterranem Charme

Ein Wandbrunnen ist eine Platz sparende Wasserspielvariante. Lassen Sie wie in histo-

▲ Dieser schlichte rechteckige Teich fügt sich gut in das mediterrane Ambiente ein. Das üppige Grün des Gartens setzt sich mit den Seerosen und den schmalblättrigen Krebsscheren im Teich fort.

rischen, mediterranen Gärten Wasser aus Löwenköpfen, Sonnen und Göttergesichtern hervorsprudeln. Erst mit einer Patina aus Algen und Flechten bekommen die Terrakotta-

oder Sandsteinbrunnen den richtigen mediterranen Charme – Schwamm und Bürste bleiben also eingepackt! Genießen Sie lieber das entspannende Plätschern, statt zu putzen. Damit der Wasserkreislauf zwischen Speier und Auffangbacken funktioniert, muss eine Bachlaufpumpe eingesetzt werden. Die Pumpe, die eine Förderleistung von dreißig bis fünfzig Litern pro Minute haben sollte, steht im wasserdichten Auffangbecken. Die Wasserleitungen zum Speier können Sie entweder im Hausinnern verlegen, dann müssen Löcher durch die Wand gebohrt werden, oder Sie verlegen die Rohre auf der Außenwand und kaschieren diese später mit Kletterpflanzen, zum Beispiel Efeu oder Wildem Wein.

Dezentes Grün

Wasser braucht in mediterranen Gärten nur eine zurückhaltende grüne Begleitung. Innerhalb des Beckens oder kleinen Teichs reichen ein bis zwei verschiedene Pflanzen, zum Beispiel die Mini-Seerosen 'Pygmaea Rubra' (rosa) oder 'Pygmaea Helvola' (hellgelb), die wie alle Seerosen kein bewegtes Wasser mögen. Dekorativ sehen die langen Blätter der buntlaubigen Schwertlilie (*Iris pseudoacorus* 'Variegata') aus. Urlaubsflair verbreiten Schwimmpflanzen wie Wasserhyazinthen *(Eichhornia crassipes)* und Wassersalat *(Pistia stratiotes)*, die aber im Winter ins Haus geholt werden müssen.

Auch in der direkten Umgebung der Wasserstelle macht sich eine dezente Bepflanzung am besten. Es bieten sich zum Beispiel die schmalblättrige Sibirische Schwertlilie *(Iris sibirica)* oder eine einzelne Taglilie *(Hemerocallis*-Cultivar) an. Im Schatten wirken Farne mit ihren ornamentalen Blättern sehr dekorativ.

Urlaubsflair
mit
Kübelpflanzen

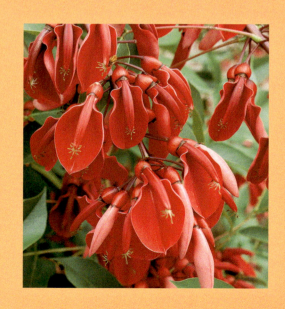

Mediterrane Topfstars

Kübelpflanzen wie Oleander, Oliven, Hibiskus und viele andere Topfschönheiten symbolisieren den Traum vom Süden und erinnern an den letzten Urlaub auf Kreta, Mallorca oder Zypern. Lassen Sie sich von himmlischen Blütendüften, temperamentvollen Farben und traumhaften Kletterpflanzen verzaubern.

Traumhafte Blütenstars, die man einfach haben muss

Das Kübelpflanzensortiment ist riesengroß: Es gibt Pflanzen, die aus Südamerika, Australien oder Südafrika stammen. Auch viele Kübelpflanzen, die uns ans Mittelmeer erinnern, stammen eigentlich aus anderen Regionen. So kommt zum Beispiel die beliebte Engelstrompete ursprünglich aus Südamerika. Aber das soll uns nicht stören, denn im mediterranen Topfgarten finden alle Pflanzen ein Zuhause, die Urlaubsflair vermitteln.

Feuriges Rot, kräftiges Rosa, warmes Orange oder sonniges Gelb, das sind die Farben des Südens, und in solch bunten Farben blühen auch Bougainvilleen (*Bougainvillea glabra, B.*-Cultivars), Engelstrompeten (*Brugmansia*-Cultivars), Schönmalve *(Abutilon × hybridum)*, Oleander *(Nerium oleander)* und Hibiskus (*Hibiscus rosa-sinensis*-Cultivars). Gönnen Sie diesen Kübelpflanzen einen besonders sonnigen Platz, regelmäßiges frisches Wasser und während der Wachstumszeit mindestens alle zwei Wochen eine Düngergabe.

Farben für Romantiker

In einem mediterranen Topfgarten muss es jedoch nicht nur bunt zugehen. Lockern Sie die Farbenpracht mit zarten Blüten in Pastell, Weiß und Blautönen auf. Romantiker beschränken sich ganz auf weiß blühende Strauchmargeriten *(Argyranthemum frutescens)*, violettblauen Enzianstrauch *(Lycianthes rantonnetii)*, blaue Schmucklilien *(Agapanthus-Cultivars)*, himmelblaue Bleiwurz *(Plumbabo auriculata)* und Kreppmyrte *(Lagerstroemeria indica)*. Letztere verlängert mit ihrer leuchtenden spätsommerlichen Blüte den Terrassensommer bis in den Oktober hinein. Kreppmyrten, auch „Toskanischer Flieder" genannt, blühen je nach Sorte unterschiedlich, 'Coccinea' zeigt rote bis rosafarbene Blüten und 'Petite Snow' erstrahlt in Weiß.

▲ **Die himmelblau blühende Bleiwurz *(Plumbago)* wächst am besten an Rankhilfen.**

Hier duftet es nach Urlaub

Wer könnte den lieblichen Duft der Zitronenbäume in Italien oder das würzige Aroma der provenzalischen Lavendelfelder je vergessen. Es sind nicht zuletzt die himmlischen Düfte, die uns an „la Dolce Vita" des Südens erinnern. Auch auf der heimischen Terrasse können Sie sich und Ihre Nase in Urlaubstimmung versetzen lassen.

Allen voran seien die blumig duftenden Zitruspflanzen (siehe auch Seite 60 und 110), ohnehin Sinnbild des Südens, als unverzichtbare Duftpflanzen erwähnt. Besonders pflegeleichte Vertreter sind Kumquat *(Citrus japonica)*, Calamondinorange *(Citrus × microcarpa)* und Mandarine *(Citrus × reticula-*

◄ **Dieses kleine Still-Leben mit pinkfarbener Bougainvillee, buntem Topf sowie der schönen Büste und einem Zapfen aus Terrakotta macht Lust auf Mittelmeerambiente.**

ta). Es sind aber nicht nur die echten Zitruspflanzen, die uns mit fruchtigem Aroma verführen, auch Orangenblumen *(Choisya ternata)* und Zitronenstrauch *(Aloysia triphylla)* verströmen Zitrusduft.

Ein wenig Fingerspitzengefühl erfordert die Gestaltung mit schweren oder intensiven Düften. Schon eine einzelne Pflanze des Jasmins *(Jasminum officinale)* oder Frangipanis *(Plumeria rubra)* kann einen Sitzplatz in Duftwolken hüllen – was einige Menschen als zu aufdringlich empfinden.

Manche Pflanzen lassen sich ihren Duft erst entlocken, wenn ihre Blätter berührt werden. Reservieren Sie diesen schüchternen Aromastars deshalb einen Platz in der ersten Topfreihe, damit die Blätter in Reichweite sind. Kleine Kräuter wie Thymian und Oregano gehören zu diesen Streichelkandidaten, aber auch Lavendel, Rosmarin, Duftpelargonien und Minzen entfalten ihr Aro-

ma am besten bei Berührung. Noch ein Tipp für Nachtschwärmer: Wenn Sie Ihren Sitzplatz zumeist in den Abendstunden nutzen, sollten Sie auf nachts duftende Pflanzen wie Engelstrompeten, Nachtschatten *(Solanum bonariense)* und Nachtjasmin *(Cestrum nocturnum)* nicht verzichten.

Blattschmuck: grüne Formen

Erst wohltuendes Grün macht eine Terrassengestaltung richtig harmonisch. Und es sind Bäume mit markanten Wuchsformen wie Olive und die Mittelmeer-Zypresse, die die mediterrane Landschaft prägen. Erfreuen Sie sich auch in Ihrem eigenen Topfgarten an diesen grünen Schönheiten.

Den Olivenbaum *(Olea europea)* sollten Sie regelmäßig einkürzen, damit der kompakte, knorrige Wuchs erhalten bleibt. Ihre Schneidekünste können und sollten Sie auch beim Lorbeer *(Laurus nobilis)* zeigen, denn

◄ Richten Sie sich auf Ihrer Terrasse einen Lieblingsplatz im mediterranen Stil ein: Hingucker ist hier die gelb blühende Gewürzrinde *(Senna)*. Im Schatten der großen Hanfpalmenblätter *(Trachycarpus fortunei)* kann man das Plätschern des Brunnens ganz entspannt genießen.

der immergrüne Strauch bildet sonst lange, gerade Triebe ohne Verzweigungen. Durch konsequentes Einkürzen können Sie jedoch wunderschöne Pyramiden, Kegel oder Hochstämmchen formen. Ohne Schnittmaßnahmen wächst hingegen die säulenförmige Mittelmeer-Zypresse *(Cupressus sempervirens)*. Mehrere Exemplare in Reihe aufgestellt, lassen Erinnerungen an toskanische Landschaftsbilder wach werden.

Den Feierabenddrink unter Palmenwedeln genießen – nur ein Urlaubswunsch? Das muss nicht so bleiben: In Töpfe gepflanzt, zaubern Palmen auf der heimischen Terrasse exotisches Flair. Stellen Sie große Palmen wie die Hanfpalme *(Trachycarpus fortunei)* und die Kanarische Dattelpalme *(Phoenix canariensis)* in die hinteren Topfreihen. Auf der Mittelmeerterrasse dürfen natürlich auch nicht dickblättrige Pflanzen wie Agaven fehlen. Viele Informationen über die so genannten Sukkulenten finden Sie auf Seite 62 und 114.

Sommerblumen: unverzichtbare Dauerblüher

Sommerblumen sind im mediterranen Topfgarten die heimlichen Stars. Kein Wunder: Sie blühen auch bei sommerlicher Hitze ununterbrochen. Pflanzen Sie ganz nach südländischer Art nur eine Pflanzenart pro Topf. Zum Kombinieren werden einfach mehrere Töpfe zusammengestellt. Der Klassiker unter den Sommerblumen ist die Pelargonie. Von Spanien bis nach Griechenland schmückt sie Hauseingänge, Wände und Balkone – am liebsten in klassischem Rot. Für Blumenampeln wählen Sie hängend wachsende Sorten der Petunien, die kleinblütigen Zauberglöckchen *(Calibrachoa)* oder Blaue Mauritius *(Convolvulus sabiatus)*. Richtige Sonnenanbeter, die ihre Blüten auch nur bei Sonnenschein öffnen, sind Gazanien (*Gazania*-Cultivars) und Kapkörbchen *(Dimorphotheca)*.

Geschickt gestalten

Angesichts der riesigen Auswahl an mediterranen Topfpflanzen fällt die Entscheidung wirklich schwer, welche Lieblinge man zu sich auf die Terrasse holen möchte. Trotzdem muss eine Auswahl getroffen werden, damit Ihre Terrasse nicht im Pflanzen- und Pflege-Chaos versinkt und Sie für sich selbst und Ihren Liegestuhl noch ausreichend Platz finden.

Welche Blütenfarben Sie wählen, bleibt ganz Ihrem Geschmack überlassen. Sie können fröhlich bunt in Rot, Gelb und Orange (siehe Seite 52) oder ganz edel nur mit Zitrus und einigen Lavendelpflanzen gestalten. Spannend wirken auch Kombinationen mit Kontrastfarben, zum Beispiel Violett mit Gelb oder Orange mit Blau.

Wichtig ist die gekonnte Anordnung der Topfgruppe, damit eine wohltuende Ordnung entsteht.

▶ Die gelb blühende Gewürzrinde *(Senna)* kann im Sommer zusammen mit buntlaubigen Pelargonien und einer purpurblättrigen Keulenlilie *(Cordyline)* ein Gartenbeet schmücken, aber den Winter muss sie frostfrei im Haus verbringen.

▼ Kübelpflanzen, wie dieses Zitrusbäumchen, verbreiten nicht nur auf der Terrasse ihren Charme, auch an einem attraktiven Gartenplatz sorgen sie für Urlaubsstimmung.

Edel sehen Pflanzen-Paare aus, zum Beispiel zwei Schmucklilien, die eine Gartenbank links und rechts einrahmen. Mit zwei Mittelmeer-Zypressen geben Sie der Terrasse oder Haustür ein neues Gesicht. Pfiffig machen sich nebeneinander aufgereihte gleich große Töpfe mit einheitlicher Bepflanzung. In größeren Kübelpflanzengruppen ist eine vernünftige Höhenstaffelung wichtig. Frei nach dem Motto: Die Großen nach hinten, die Kleinen nach vorn. Hat man sich mit dem Größenwachstum mal verschätzt, werden die Standorte einfach getauscht. Das ist das Schöne am Topfgarten: Man kann nach Lust und Laune umgestalten.

Schönes aus Terrakotta

▲ Egal welche Gefäßformen Sie für ihre Pflanzenlieblinge wählen, wichtig ist die passende Größe. Die Pflanzen sollten einen Topf gut durchwurzeln und es sollte nicht viel undurchwurzelte Erde vorhanden sein, damit diese nicht auswaschen kann und so Dünger verliert. Deshalb werden Pflanzen beim Umtopfen nur in Gefäße gesetzt, die einen drei bis fünf Zentimeter größeren Durchmesser haben, als der vorherige Topf.

▼ Eine Platz sparende Idee, um viele Topfpflanzen zu präsentieren: Arrangieren Sie Ihre Pflanzgefäße auf einer Blumentreppe. Hier finden viele kleinere Töpfe Platz. Vergessen Sie regelmäßiges Gießen nicht, denn kleine Gefäße trocknen schneller aus als große.

▶ Nicht nur Töpfe lassen sich aus Terrakotta formen, auch Standfiguren, Pinienzapfen, Wasserspeier oder Wandbilder wie diese Sonne sehen aus dem gebrannten Ton besonders edel aus. Achten Sie beim Kauf auf hochwertige Ware, zum Beispiel handgefertigte Impruneta-Terrakotta aus der Toskana, die am eingedrückten Stempel erkennbar ist. Denn diese Tonartikel müssen hochgebrannt sein, damit sie frostfest sind und den Winter draußen überstehen.

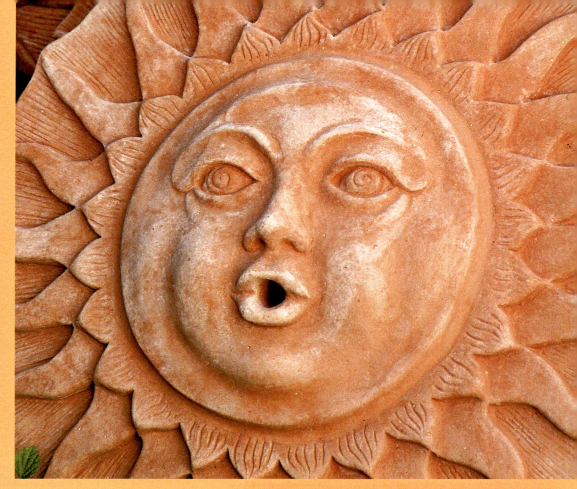

◀ Töpfe mit wunderschönen, aufwändigen Reliefs passen gut in barock anmutende, mediterrane Gärten. Buchsbaumkugeln oder Zitrusbäumchen finden darin ein dekoratives Zuhause.
Achtung: Die Töpfe sollten ein Abzugsloch am Boden haben, weil Staunässe und die dadurch ständig nassen Wurzeln keiner Pflanze gefällt.

Vive la Provence!

Schon das Wort „Provence" trägt sie in sich – den würzigen Duft des Lavendels, strahlend blauen Himmel und goldgelbes Olivenöl. Lassen Sie sich das Aroma der endlosen Lavendelfelder, die schon die berühmten französischen Impressionisten auf ihren Bildern verewigt haben, und die sanften Farben der Provence auch in Ihren Mittelmeergarten einziehen.

Terrasse à la française

Das Herzstück jedes Gartens ist die Terrasse. Hier wird in Südfrankreich gefeiert, gegessen und hier entspannt man sich. Die Terrasse versprüht bereits den typischen südfranzösischen Charme, wenn der Boden mit hellen Sandsteinplatten, beigefarbenem Kies oder Sand belegt wurde.

Geben Sie Ihrer Terrasse mit einer Natursteinmauer aus Sandsteinen einen gemütlichen Rahmen. Die sanfte Farbe des Sandsteins erinnert an die charakteristischen verträumten provenzalischen Landhäuser, die „Bastide".

Ein kleines architektonisches Wasserbecken aus Natursteinen und mit munter plätscherndem Wasserspiel gibt das besondere Etwas. Sorgen Sie auf Ihrer Terrasse für Sonnenschutz, damit Sie auch die heißen Mittagsstunden im Freien verbringen können. Eine Holzpergola berankt mit Echtem Wein, Blauregen *(Wisteria)* oder einer Trompetenblume *(Campsis)* spendet Schatten. Wer gerne einen zweiten Sitzplatz im Garten anlegen möchte, dem sei für den provenzalischen Garten ein kleiner Eisenpavillon empfohlen. Eingehüllt von betö-

▲ **Die Provence-Ecke für den heimischen Garten: Ein Olivenbäumchen und die große Hanfpalme beschatten Töpfe voll Lavendel und Strandflieder.**

rend duftenden Kletterrosen wie 'Compassion®' oder 'Laguna®' wird der Pavillon zum Lieblingsplatz im Garten.

Töpfe und Accessoires

Ein Sitzplatz bekommt mit filigranen Eisenmöbeln oder einfachen Bistro-Holzstühle, angestrichen in Blau oder Olivgrün den typischen südfranzösischen Charme. Andere Deko-Elemente wie helle Ton- oder Terrakottakugeln und Amphoren passen dazu.

◄ **Genießen Sie den Geschmack des Südens mit frischem Baguette, Oliven und würzigem Olivenöl. Auf stilvollen hellgelben Bistromöbeln aus Eisen schmeckt das ganze gleich noch mal so gut.**

Tischdecken, Kissen mit Lavendel- oder Olivenmotiven und die typischen glasierten Töpfe in Olivgrün und Bordeauxrot bringen ein paar Farbkleckse.

Kübelpflanzen mit zarten Blütenfarben

Charakteristisch für die herrliche Landschaft der Provence ist das grüne und graue Laub von Zypressen und Olivenbäumchen sowie Blüten in Blau- und Violetttönen, die in der heißen Sonne Südfrankreichs fast mit dem Stahlblau des Himmel verschmelzen.

Mit Kübelpflanzen zaubern Sie dieses sommerliche Ambiente auf Ihre Terrasse. Als Topfpflanze ist natürlich der Lavendel nicht

wegzudenken aus jedem Provencegarten. Zarte, luftig leichte Farben oder silbriges Laub steuern auch Kübelpflanzen wie Duftpelargonien, Schmucklilien *(Agapanthus)*, Bleiwurz *(Plumbago)*, Orangenblume *(Choisya)*, Jasmin, Oliven- und Eukalyptusbäumchen bei. Da der würzige Duft der Mittelmeerkräuter im Süden Frankreichs allgegenwärtig ist, dürfen diese auch auf der heimischen Terrasse nicht fehlen. Platzieren Sie Töpfe voll Majoran, Estragon, Oregano, verschiedenen Thymian-Sorten, Ysop, Salbei, Bohnenkraut und vor allem Rosmarin und Lavendel in Küchennähe am Haus, damit Sie Ihre Gerichte mit den eigenen Kräutern der Provence würzen können.

Willkommen in Griechenland

Das temperamentvolle Licht-Dunkel-Spiel der weißen Hauswände mit dem stahlblauen Himmel und den pinkfarbenen Bougainvilleen fasziniert jeden – und Gartenliebhaber erst recht! Holen Sie sich die anregende Urlaubsstimmung auf Ihre eigene Terrasse und genießen Sie griechisches Flair.

Perfektes Duo: Weiß und Blau

Ein Sitzplatz im griechischen Stil lebt von klarer Gestaltung und wenigen, aber umso intensiveren Farben. Die Grundstimmung des Griechenlandstils beherrscht das Farbduo Blau und Weiß. Seien Sie also mutig und streichen Sie die Wände an Ihrem Sitzplatz weiß an. Auch Sichtschutzelemente, die vor fremden Blicken schützen sollen, fügen sich mit einer weißen Oberfläche harmonisch in die Urlaubsidylle ein. Ist der Platz noch von einem niedrigen, weiß verputzten Mäuerchen umgeben, werden Erinnerungen an die traumhaften Dachterrassen von Santorin, der schönsten Kykladeninsel, geweckt. Bauen Sie die Mauern nicht höher als fünfundvierzig Zentimeter und mindestens dreißig Zentimeter breit, damit man bequem darauf sitzen kann.

Blau darf natürlich in der Terrassengestaltung nicht fehlen. Rahmen Sie Fenster und Türen blau ein. Die alte Bierbankgarnitur oder ausrangierte Küchenmöbel aus Holz passen mit neuem, azurblauem Gesicht perfekt ins Bild. Damit das Farbduo Weiß und Blau nicht gestört wird, sollten Sie als Bodenbelag dezente beigefarbene Flie-

sen oder Sandsteinplatten wählen. Schöne Hingucker sind Bodenornamente aus Kieselsteinen. Wer Lust und Zeit hat, kann die Steinchen selbst verlegen.

Weniger ist mehr

Setzen Sie auf Ihrer weiß-blauen, griechischen Terrasse mit knalligen Blütenfarben kräftige Blickpunkte. Dazu reichen schon ein paar ausgewählte Pflanzen, denn zu viele Topfstars würden die klare Farbgestaltung stören. Als absolutes Farbwunder ist die Bougainvillee natürlich unverzichtbar. Sie wird in unseren Gefilden zwar niemals zu einer derart imposanten Kletterpflanze wie in Griechenland, aber dafür beeindrucken die violett-pinkfarbenen Blüten auch bei trübem Wetter umso mehr. Wussten Sie, dass der farbenfrohe Klettermaxe ein echter Täuschungskünstler ist? Für die Farbpracht sind nämlich bunte Hochblätter verantwortlich, die die unscheinbaren Blüten umgeben. Da Bougainvilleen vor allem an den kurzen Trieben blühen, sollten Sie den Neuaustrieb nach jeder Blühphase um etwa ein Drittel zurückschneiden. Damit regen Sie die Bildung vieler neuer Blüten an.

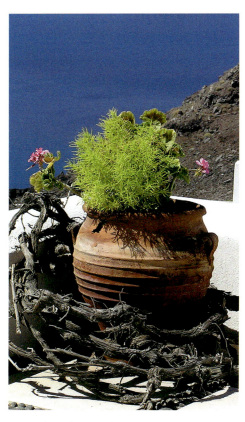

▲ **Der knorrige Ast einer uralten Weinrebe umspielt die imposante Amphore.**

Farbe bringen auch die roten Blüten von Oleander, Roseneibisch *(Hibiscus rosa-sinensis)* und Pelargonien in Ihre Griechenlandoase. Unterstreichen Sie diese feurige Farben zusätzlich mit dezenten Blüten in Weiß und Rosa. Schöne Begleiter sind zum Beispiel weiß blühende Strauchmargeriten *(Argyranthemum frutescens)* und rosafarbene Zistrosen *(Cistus)*.

▲ Schlicht & schön: Blau angestrichene, einfache Stühle und eine weiß verputze Mauer reichen, um eine griechische Atmosphäre zu erzeugen.

◄ Terrakottaamphoren müssen nicht unbedingt bepflanzt werden. Sie wirken auch ohne grüne Bewohner als Blickfang im Blumenbeet.

Akzente setzen

Im griechischen Topfgarten wirken die Pflanzen am schönsten, wenn sie in hellen Terrakottatöpfen präsentiert werden. Ganz klassisch sind hohe Amphoren, die früher als Vorratsbehälter für Wein und Olivenöl dienten. Setzen Sie auf der Terrasse Akzente mit diesen edlen, hohen Pflanzgefäßen. In Amphoren können Sie Agaven, Palmen wie die Petticoat-Palme *(Washingtonia)*, Feigenkakteen *(Opuntia)* und andere sukkulente Pflanzen. Setzen Sie die Pflanzen jedoch nur samt Topf in die Amphoren, damit Sie sie leicht wieder herausholen können. Tipp: Füllen Sie zur besseren Standfestigkeit zuerst Sand in die hohen Gefäße.

Zauber des Orients

Ein gemütlicher Liegestuhl mit üppigen Kissen aus Samt und Seide, imposante Pflanzen mit schönen Blüten und verführerischen Düften und dazu noch eine Tasse Mokka oder Minzetee – erleben Sie dieses Märchen aus 1001 Nacht.

Der Orientstil lebt von üppigen Farben: Samtrot, intensives Orange, geheimnisvolles Purpur und edles Violett dürfen nicht fehlen. Den märchenhaften Zauber bringen Wandspiegel, marokkanische Laternen oder Teegläser in Gold-, Kupfer-, Messing- und Silbertönen. Speziell auf kleinen Terrassen können Sie das charmante Flair von Innenhöfen gut nachahmen. Streichen Sie die Wände in Rot, Orange oder einem sanften Terrakottaton, damit es schön gemütlich wirkt.

Wasser, Quell des Lebens, bildet im Orient den Mittelpunkt im Garten. Ein plätschernder Brunnen, ein Wasserbecken mit bunten Mosaikfliesen oder ein kleiner Springbrunnen sorgen für beruhigende Hintergrundsmusik. Große Terrassen machen Sie mit Sichtschutzelementen, die fremde Blicke fernhalten, wohnlicher. An Rankgittern können Sie Kletterpflanzen wie Duft-Wicken, Kletterrosen oder Schwarzäugige Susanne emporklettern lassen.

Leuchtende Pflanzenpracht

Zum Orientstil passen Kübelpflanzen mit ausgefallenen Blüten in den Farben Rot, Orange, Violett und Gelb. Erfreuen Sie sich an einer bunten Blütenparade aus der ganzen Welt. Aber nicht vergessen: Exotische Kübelpflanzen vertragen keinen Frost und müssen den Winter im Haus verbringen.

Mit roten Blüten beeindrucken zum Beispiel Zylinderputzer (*Callistemon*-Arten), Korallenstrauch (*Erythrina crista-galli*), Eisen-

► Hier erinnern Mauern mit Türmchen und terrakottafarben verputzte Wände an maurische Innenhöfe. In Hochbeeten können Gartenpflanzen ganzjährig wachsen.

◄ Die ungewöhnliche Blüte des Zylinderputzers *(Callistemon)* passt hervorragend in geheimnisvolle orientalische Gärten. Geben Sie der attraktiven Kübelpflanzen einen sonnigen Platz, denn nur dort entwickelt sie ihre volle Blühkraft.

holzbaum *(Metrosideros)* und die Spring-brunnenpflanze *(Russelia equisetiformis)*. Verstärken Sie die temperamentvolle Farb-gestaltung noch mit rotlaubigem Blumen-rohr *(Canna)*, Neuseelandflachs *(Phormium)* oder Keulenlilie *(Cordyline)*. Dazu passen die violetten Blüten des Prinzessinnenstrauchs *(Tibouchina urvilleana)* und gelb blühende Schönmalven-Sorten *(Abutilon)*.

Mischen Sie auch ein paar dauerblühen-de Sommerblumen in das Kübelpflanzenen-semble, zum Beispiel Mittagsblumen *(Gaza-nia)*, Zinnien und Studentenblumen *(Tage-tes)*. Für Blumenampeln und als Unterpflan-zung von Hochstämmchen eignen sich hän-gend wachsende Schönheiten wie Verbe-nen, Zauberglöckchen *(Calibrachoa)* und Fächerblume *(Scaevola saligna)*.

Süße Düfte

Die sinnliche Stimmung einer Orientterras-se lässt sich am besten unter einem Balda-chin aus duftigem Stoff, bei Kerzenschein und eingekuschelt in gemütliche Samtkis-sen genießen. Betörende Blütendüfte run-den diese Wohlfühlatmosphäre ab.

Verführerischen Duft verströmen zum Beispiel Sternjasmin *(Trachelospermum jas-minoides)*, Duftblüte *(Osmanthus*-Arten), Klebsame *(Pittosporum tobira)*, Engelstrom-pete *(Brugmansia)* und Madonnen-Lilie *(Li-lium candidum)*. Wer auf den Genuss frisch aufgebrühten Minzetees nicht verzichten möchte, pflanzt sich die winterharte Marok-kanische Minze *(Mentha spicata* var. *crispa)* in einen Topf.

Accessoires und Dekoration

▲ Mit Figuren aus Stein setzen Sie in Ihrem Mittelmeerparadies Akzente. Platzieren Sie die Statuen zum Beispiel am Ende von Sichtachsen um deren Wirkung zu verstärken. Schön wirken die edlen Steinfiguren auch, wenn sie von einer dunklen immergrünen Hecke umgeben sind.

▶ Mit hellen, schlichten Terrakottavasen bringen Sie mediterranes Ambiente auch in dunkle Gartenecken, in denen sonnenhungrige Kübelpflanzen nicht gedeihen würden. Stellen Sie die Gefäße in kleinen Gruppen auf, das macht einen harmonischeren Eindruck als einzeln platzierte Vasen.

◀ Oft ist die Terrasse von Hauswänden, Sichtschutzelemente oder gar einer unschönen Garagenrückwand umgeben. Was auf den ersten Blick nachteilig erscheint, kann jedoch prima als mediterranes Gestaltungselement genutzt werden: Die Wand bekommt mit warmen Farben, Mosaikspiegeln oder einer Terrakottasonne südliches Flair. Beruhigendes Grün spenden Kletterpflanzen wie Wilder Wein.

Gartengestaltung
mediterran

So entsteht ein mediterranes Gartenparadies

Die Terrasse lässt sich mit Kübelpflanzen, passenden Möbeln und Accessoires leicht in eine südländische Oase verwandeln. Aber was ist mit dem Rest des Gartens? Lassen Sie das Urlaubsfeeling nicht verfliegen, sondern geben Sie durch eine geschickte Planung, den richtigen Materialien und Pflanzen dem gesamten Garten mediterranes Ambiente.

Schritt für Schritt zum mediterranen Traumgarten

In Ihrem Mittelmeergarten sollten Sie sich wohl fühlen – wie in einem grünen Wohnzimmer. Machen Sie es einfach wie die Architekten der italienischen Renaissancegärten. Sie orientierten sich bei der Gartengestaltung an der Architektur des Hauses: Es wurde Wert gelegt auf Symmetrie, Raumaufteilung und auch auf eine gekonnte Einrichtung der Gartenzimmer.

Ein Garten in Italien, Spanien oder Griechenland muss pflegeleicht sein: In diesen Ländern regnet es wenig und niemand kann und möchte im Sommer tagtäglich wässern. Regenmangel ist zwar in unseren Breitengraden kein so großes Problem, aber wer sich das Gießen sparen und typisch mediterran gestaltet möchte, der wählt trockenheitsresistente Pflanzen. Trockenkünstler wie Currykraut *(Helichrysum italicum)*, Hauswurz *(Sempervivum)*, Woll-Ziest *(Stachys byzantina)* oder Walzen-Wolfsmilch

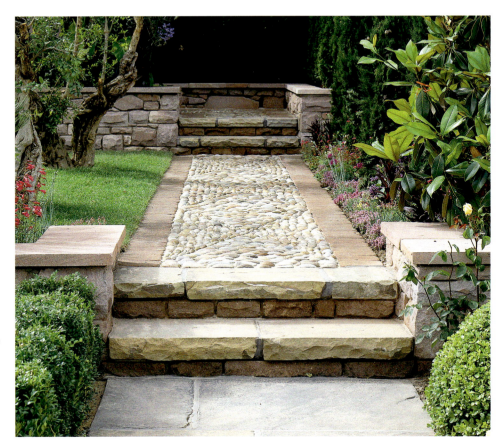

(Euphorbia myrsinites) schützen sich mit kleinem Laub, silbriger Blattfarbe, behaarten, filzigen oder verdickten Blättern vor Verdunstung.

Noch ein Tipp für den pflegeleichten Mittelmeergarten: Verzichten Sie auf Rasen und somit auch auf das Mähen. Statt des grünen Teppichs passt eine Kiesfläche gut in ein mediterranes Ambiente. Verlegen Sie ein wasserdurchlässiges Vlies unter der zirka fünf Zentimeter hohen Kiesschicht, damit sich kein Unkraut ansiedeln kann.

Erst planen, dann bauen

Legen Sie eine Gartenwunschliste an, bevor Sie mit der Gestaltung Ihres mediterranen Paradieses beginnen. Hier wird alles aufgezählt, was Sie gerne in Ihrem Garten hätten, zum Beispiel eine Terrasse, ein Wasserspiel oder einen gemütlichen Platz für die Gartenbank. Vergessen Sie praktische Elemente wie Unterstellmöglichkeiten für Fahrräder oder Mülltonnen nicht, denn auch diese

▲ Mit silbergrauem Laub und Blüten in Pink, Hellgelb, Weiß und Violett kommt mediterranes Flair ins Staudenbeet. Die zarten Halme der Ziergräser sorgen für Leichtigkeit.

◄ Wege und Mauern aus Sandstein passen zum mediterranen Stil. Highlight dieses Wegs: eine mit Kieselsteinen gepflasterte Fläche.

▼ Ein rundes Wasserbecken betont den Mittelpunkt eines Gartens und fügt sich besonders harmonisch in orientalische Anlagen ein.

Dinge müssen genauso wie in einem „normalen Garten" eingeplant werden. Ist Ihr Wunschzettel vollständig, geht es an die Detailplanung, bei der zum Beispiel die Größe des Sitzplatzes und das Baumaterial für die Wege festgelegt werden.

Auf die Größe kommt es an

Je nach Gartengröße bieten sich unterschiedliche mediterrane Gestaltungsvarianten an: In kleinen Gärten wirkt eine formale Gliederung mit geometrischen Formen, angelehnt an den Stil der Renaissancegärten, harmonisch. Denn die klaren, eckigen Formen finden sich in der Architektur des Hauses wieder. In größeren Gärten, in denen die Hausansicht nicht so präsent ist, können Sie mit freieren Formen gestalten. Geben Sie Beeten geschwungene Ränder und lassen Sie Wege in spannungsreichen Kurven verlaufen.

Naturstein muss sein!

In Mittelmeergärten passen Wege aus Natursteinen in sanften Erdtönen. Pflastern Sie Ihren Gartenweg zum Beispiel mit unterschiedlich geformten Sandsteinplatten, so genannten Polygonalplatten. Harmonisch

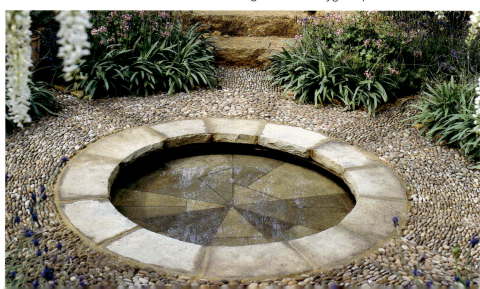

wirken auch Plattenwege aus rötlichen Porphyrplatten. Porphyr ist ein sehr harter, haltbarer Naturstein. Wer es ganz romantisch liebt, legt sich schmale Kieswege an, die sich durch den Garten schlängeln. In formal gestalteten Gärten sehen Kieswege mit Rändern aus Buchsbaumhecken toll aus.

Naturstein darf auch sonst nicht in Ihrem Urlaubsgarten fehlen: Niedrige Sandsteinmauern rahmen die Terrasse ein. Mit Trockenmauern, die ohne Mörtel gebaut werden, fangen Sie auf charmante Art Höhenunterschiede ab und geben Pflanzen und Tieren einen Lebensraum.

Romantische Pergolen, Bögen und Lauben

Wo könnte man besser Siesta machen oder einen Plausch halten als unter einer mit Wein berankten Pergola? Diese Schatten spendende Terrassenüberdachung sorgt auch in unseren heimischen Gärten für südliches Wohlfühlambiente. Wer keine Weinreben pflanzen möchte, begrünt seine Pergola mit Kletterpflanzen wie Blauregen

(Wisteria), duftendem Geißblatt (Lonicera × heckrottii), Wildem Wein (Parthenocissus), Großblättriger Pfeifenwinde (Aristolochia macrophylla) oder Trompetenblume (Campsis-Arten und Sorten).

Herrlich romantisch sind Laubengänge, in deren Schatten ein Gartenspaziergang selbst in der Mittagssonne zum Genuss wird. Kletterrosen wie die rosa blühenden Sorten 'Aloha – Kordes Rose Aloha®' und 'Kir Royal®' erfreuen wochenlang mit üppiger Blütenpracht. Besonders schnell wird ein Laubengang von den wüchsigen Ramblerrosen beschattet. Die klassischen, weiß blühenden Sorten wie 'Félicité et Perpétue' oder 'Bobbie James' blühen zwar nur einmal im Jahr, dafür aber umso üppiger.

Mediterran bis ins Detail

Es sind die kleinen Blickfänge wie Amphoren, Statuen und reich verzierte Töpfe sowie schlichte Kugeln oder Pinienzapfen aus Terrakotta, die dem Garten südländische Leichtigkeit geben. Integrieren Sie diese Kostbarkeiten geschickt in die Gestaltung: Mal liegt

eine Amphore malerisch im Beet, mal betonen zwei Kugeln den Treppenaufgang zum Haus. Aber dekorieren Sie immer nach dem Motto: Weniger ist mehr. Zu viele Dekorationselemente lassen den Garten überladen und kitschig wirken.

Die richtige Pflanze für den richtigen Platz

Pflanzen mit silbrig-grauen Blättern wie Lavendel, zarte Blütensträucher und mediterran wirkende Stauden bringen Mittelmeer-Flair in Ihren Garten. Mit welchen frostharten Pflanzen Sie mediterrane Gartenszenen zaubern können, erfahren Sie ab Seite 50. Berücksichtigen Sie bei der Pflanzenauswahl immer, dass die Pflanzen sich an ihrem Standort wohl fühlen müssen. Boden und Lichtverhältnisse sollten den Ansprüchen der Pflanze genügen. Welche Pflanze, wo am besten wächst, lesen Sie im Porträtteil ab Seite 64.

Planen Sie als Erstes die Standorte von Bäumen wie Robinie (Robinia 'Casque Rouge') oder Säulen-Eiben ein, denn diese prägen das Bild Ihres Gartens. Erst danach sucht man einen Platz für Sträucher wie die Kaspische Tamariske (Tamarix ramosissima) oder den Garteneibisch (Hibiscus syriacus). Blütensträucher können einzelne Höhepunkte im Beet darstellen oder als Sichtschutz zum Nachbarn dienen. Zum Schluss folgen kleinere Sträucher und Stauden.

◄   **Eine schlichte Gartenszene mit viel südländischen Charme: Auf der Eisenbank hat ein Terrakottagefäß seinen Platz gefunden und ganz vorwitzig schieben sich die Blüten der Katzenminze durch die Streben der Bank.**

▶   **Lorbeerbäumchen fühlen sich auch Halbschatten noch wohl und zieren deshalb auch schattige Hauseingängen.**

Vergessen Sie nicht, zwischen blühende Pflanzen grüne Ruhepole einzusetzen. Buchsbaumkugel oder spiralförmig geschnittene Scheinzypressen geben den Beeten optischen Halt und sind auch im Winter noch attraktiv.

Steinige Beet-Idee

Die Kombination aus Steinen und Pflanzen ist typisch für den mediterranen Garten. Ein Staudenbeet in zarten Farben, zum Beispiel mit Königskerzen *(Verbascum)*, Skabiose *(Scabiosa caucasica)* oder Woll-Ziest bekommt mit einer Bodenabdeckung aus grauem Kies sofort südliches Ambiente. Provenzalisches Flair holen Sie sich mit einer geschickt platzierten Steingruppe in den Garten. Legen Sie vor den Findlingen eine kleine Schotterfläche an, auf der sich niedrige Polsterstauden wie Katzenpfötchen *(Antennaria diocia)*, Blaukissen *(Aubrieta-*Cultivars), Steinkraut *(Alyssum saxatile)* und Polster-Phlox *(Phlox subulata)* aber auch verschiedene, duftende Thymian-Arten ausbreiten können.

▶ **Die Trompetenblume** *(Campsis)* **klettert mit ihren Haftwurzeln und durch ihre windende Wuchsform mühelos an Pergolen empor und spendet Schatten. Sie liebt warme, geschützte Standorte.**

Klassische Schnittkunst

In Form geschnittene Pflanzen sind klassische Elemente in mediterranen Renaissancegärten. Hohe Formhecken aus Hainbuchen *(Carpinus betulus)*, Eiben *(Taxus baccata)* oder Scheinzypressen *(Chamaecyparis lawsoniana)* teilen als grüne Wände den Garten in verschiedene Bereiche. Mit Formhecken können Sie die Blicke auf einen bestimmten gestalterischen Höhepunkt, zum Beispiel auf eine Skulptur, lenken – ganz nach dem Vorbild historischer Gartenanlagen in der Toskana. Oder Sie lassen „Fenster" in den Hecken frei, um Ausblicke in weitere Gartenzimmer zu ermöglichen.

Mit niedrigen Hecken aus Buchsbaum, am besten eignet sich *Buxus sempervirens* 'Suffruticosa', oder Liguster *(Ligustrum ovalifolium)* geben Sie Blumenbeeten einen Rahmen. Einzelne Blickfänge im Garten zaubern Sie mit Kugeln, Quadern, Pyramiden, Spiralen oder Kegeln aus Eiben, Buchsbaum, Liguster oder Scheinzypressen. Die grünen Kunstwerke betonen zum Beispiel Eingänge oder Wegkreuzungen.

Winterharte Pflanzen für den Mittelmeergarten

In unseren Gärten wachsen zwar etliche Pflanzen, die auch am Mittelmeer anzutreffen sind, aber für frostempfindliche Vertreter gilt es, Ersatz zu finden. Das hört sich zunächst schwierig an, ist aber kein Problem.

Viele Charakterpflanzen aus dem Mittelmeerraum haben „Vettern" und „Cousinen", die vielleicht nicht verwandt, ihnen aber im Wuchs und im Aussehen zum Verwechseln ähnlich sehen.

Bäume: Rückgrat des Gartens

Bäume sind das A und O in der Gartengestaltung. Ihr Standort will gut geplant sein, denn sie bilden das Grundgerüst des Gartens. Typisch für mediterrane Landschaften sind Nadelgehölze wie die Mittelmeer-Zypresse, die das Bild der Toskana prägt. In unseren Breitengraden ist diese Zypresse leider nicht überall winterhart, aber eine vergleichbare schlanke Wuchsform zeigen auch frostharte Nadelbäume, zum Beispiel Säulen-Eiben *(Taxus baccata* 'Fastigiata'), Leyland-Zypressen (× *Cupressocyparis leylandii)* und Raketen-Wacholder *(Juniperus scopulorum* 'Blue Arrow').

Als Ersatz für die typischen Pinien des Mittelmeerraums bietet sich die zwar sehr groß – über 40 Meter hoch – werdende Schwarzkiefer *(Pinus nigra* ssp. *nigra)* oder die Waldkiefer *(Pinus sylvestris)* an. Damit die Kiefern schirmförmig wachsen, sollten Sie den Leittrieb kappen, sobald die Bäume

ihre gewünschte Endhöhe erreicht haben. Träumen Sie oft von Italiens malerischen Olivenhainen? Dann holen Sie sich als Olivenbaum-Ersatz doch die Weidenblättrige Birne in den Garten. Das schmale, graugrüne Laub und der knorrige Wuchs machen die „Oliven-Illusion" fast perfekt.

Sträucher: Blütenpracht von Klein bis Groß

Sträucher bringen Farbe und attraktive Blattstrukturen in die Gartenlandschaft. Zwei sehr schöne, große Sträucher, die sogar aus dem Mittelmeerraum stammen, sind der rosa blühende, in der Jugend noch frost empfindliche Judasbaum und die Schmalblättrige Ölweide mit grüngrauen Blättern und olivenförmigen Früchten.

Für üppige Blütenpracht sorgen Sträucher wie Hibiskus, Sommerflieder-Arten und Falscher Jasmin. Winterharte Kamelien *(Camellia japonica)* bringen ein bisschen Exotik

▲ ◄ **Die silbrigen Blätter der Weidenblättrigen Birne** *(Pyrus salicifolia)* **erinnern an das Laub des Olivenbaum. Die frostharte Birne kann im Gegensatz zur Olive allerdings ganzjährig im Garten wachsen**

▲ **Einer, der sich in einem trockenen Kiesbeet wohl fühlt und den man immerzu streicheln möchte: Der Woll-Ziest mit seinen kuschelweichen Blättern.**

in Ihren Mittelmeergarten. An einem halbschattigen Platz mit humusreicher Erde gedeihen die Sorten 'Debbie', 'Freedom Bell' oder 'General Coletti' gut. Eine schützende Mulchschicht lässt die edlen Sträucher Minusgrade problemlos überstehen.

Wer im Garten keinen Platz für große Blütensträucher hat, greift auf kleinere Sträucher zurück. Lavendel, Roter Buschklee (*Lespedeza thunbergii*), Zwergmandel (*Prunus tenella*), Blauraute (*Perovskia abrotanoides*) oder Bartblume (*Caryopteris × clandonensis*) passen genauso gut mit ins Staudenbeet wie in einen schmalen Vorgarten. Der einzige Anspruch der kleinen Blütenstars: Der Standort muss von der Sonne verwöhnt werden. Ein sonniges Plätzchen lieben auch Besen-Ginster (*Cytisus scoparius*) und Goldland-Ginster (*Genista lydia*).

Stauden und Zwiebelblumen: langlebigen Schätze im Blumenbeet

Stauden und Zwiebelblumen sind das i-Tüpfelchen im Gartenreich, egal ob sie nur vereinzelt eingesetzt werden oder sich in üppigen Blumenbeeten wieder finden. Mit eindrucksvollen Formen und Blüten warten zum Beispiel Steppenkerze (*Eremurus*), Palmlilie (*Yucca*), Mittelmeer-Wolfsmilch (*Euphorbia characias* ssp. *wulfenii*) und Königskerze auf. Mit diesen Staudenpersönlichkeiten können Sie markante Stellen im Garten, zum Beispiel eine Sichtachse betonen. Als Blickpunkte im Blumenbeet eignen sich Akanthus (*Acanthus*), Fackellilie (*Kniphofia*), Zierlauch (*Allium*), Taglilie (*Hemerocallis*), Orientalischer Mohn (*Papaver orientale*), Sonnenauge (*Coreopsis*), Sonnenhut (*Rudbeckia*), Purpur-Schafgarbe (*Achillea millefolium*), Montbretien (*Crocosmia*), Gla-

▲ Nicht nur die imposanten Blütenstände der Palmlilie (*Yucca filamentosa*) machen die winterharte Staude so attraktiv für den heimischen Garten, auch die bis zu 90 Zentimeter langen Blätter sind Blickpunkte im Beet. Am schönsten wirken Palmlilien in Einzelstellung oder auch wie hier in kleinen Gruppen zusammen mit weiß oder gelb blühenden Stauden.

diole und der silberlaubige Woll-Ziest. Mischen Sie ein paar luftig leichte Stauden, zum Beispiel Prachtkerze (*Gaura lindheimeri*) und Schleierkraut (*Gypsophila paniculata*) zwischen die anderen Blütenschätze, um das Beet aufzulockern.

Einen schönen Abschluss an der Beetkante zaubern Sie mit niedrig wachsenden Stauden wie Sonnenröschen und Rotes Seifenkraut (*Saponaria*).

Noch ein Tipp für den Frühling: Ihr mediterraner Traumgarten wird schon früh im Jahr zum Erlebnis, wenn Sie reichlich Zwiebelblumen pflanzen, zum Beispiel Krokus, Zwerg-Iris, Traubenhyazinthen, Narzissen, Wildtulpen und Blaustern. Denken Sie daran, dass im Herbst Pflanzzeit ist – Zwiebeln also rechtzeitig besorgen!

Sonnenanbeter mit silbrigen Blättern

Pflanzen mit silbrig grünen Blättern sind bestens gegen Sonne geschützt, da die helle Blattoberfläche das Licht reflektiert. So ist es kein Wunder, dass die „grauen Eminenzen" der Kräuterwelt perfekt in den Mittelmeergarten passen:

▸ Beifuß-Arten (*Artemisia*)
▸ Lavendel (*Lavandula*)
▸ Currykraut (*Helichrysum italicum*)
▸ Rosmarin (*Rosmarinus officinalis*)
▸ Weinraute (*Ruta graveolens*)
▸ Salbei (*Salvia officinalis*)
▸ Heiligenkraut (*Santolina chamaecyparissus*)
▸ Berg-Bohnenkraut (*Satureja montana*)

Südländisches Flair mit knalligen Farben

▲ Wandelröschen *(Lantana)* machen Ihrem Namen alle Ehre. Nicht nur, dass Ihre Blüten sich im Laufe der Zeit von einen Farbton zum nächsten ändern, auch in der Wuchsform ist die pflegeleichte Kübelpflanze ein Verwandlungskünstler: Man kann sie in buschiger Strauchform wachsen lassen, als dekorativer Hochstamm oder sogar an einem kleinen Kübelspalier ziehen. Immer beliebter sind auch die neuen kleinen, flach wachsenden Sorten, die in jedem Balkonkasten ihre Farbenpracht entfalten können.

Wandelröschen lassen sich leicht über Stecklinge oder mit Steckhölzern vermehren.

▶ In südlichen Gefilden bedeckt die rot blühende Mittagsblume *(Lampranthus)* große Flächen. Bei uns fühlt sie sich wohler im Steingarten oder im Topf zwischen anderen dickblättrigen Pflanzen oder als Unterpflanzung von Palmlilien. Achten Sie auf durchlässiges Substrat, weil die teppichartig wachsende Staude keine Staunässe verträgt, erst recht nicht im kalten feuchten Winter.

◀ Lavendel, Sinnbild der Provence, spendet anregendes Violett für mediterrane Topfarrangements. Mutige Mittelmeerfans kombinieren diese geheimnisvolle Farbe mit anderen Leuchtfarben, zum Beispiel mit dem Gelb des Zweizahns *(Bidens ferulifolia)* oder feurigroten Pelargonien. Da strahlt einem dann die pure Lebensfreude entgegen!

Feierabend-Ecke
mit Wohlfühlgarantie

Wer kennt das nicht: Man kommt nach einem langen Arbeitstag gestresst nach Hause und ist völlig ausgebrannt. Machen Sie jetzt einfach Kurzurlaub im Garten – auf Ihrem Lieblingsplatz inmitten einer Blütenoase. Mit ein paar kleinen Gestaltungstricks schaffen Sie sich eine gemütliche mediterrane Feierabend-Ecke.

▲ Inmitten von Zitrusbäumchen, weiß blühender Strauchmargerite und rosafarbenen Rosen fehlt nur der Blick aufs Mittelmeer. Schön für Zuhause: Der Gartenteich als Meer-Ersatz.

◄ Genießen Sie die letzten Stunden des Tages bei Kerzenschein, eingehüllt in eine kuschelige Wolldecke. Die Lichterkette im rot blühenden Hammerstrauch leuchtet wie eine Schar funkelnder Glühwürmchen.

Blüten für die Dämmerung

Wählen Sie für Ihre Ruheinsel sanfte, helle Farben, denn Rosa, Hellgelb, Weiß oder Hellblau wirken romantisch und beruhigen die Sinne. Außerdem leuchten helle Farben noch in der Dämmerung und sind auch nach Sonnenuntergang eine Zierde, während dunkle Farben wie Rot oder Violett einfach von der Dunkelheit „verschluckt" werden und optisch verschwinden.

Unter den Kübelpflanzen gibt es viele südländische Schönheiten, die sich mit hellen Blütenfarben schmücken. Bleiwurz (*Plumbago auriculata*) blüht zum Beispiel in einem freundlichen Hellblau. Dazu passt

Australischer Rosmarin *(Westringia frutosa)*, der hellviolett blüht und wie der echte Rosmarin grüngraues Laub trägt, das jedoch leider nicht duftet. Sorten des Oleanders, der Strauchmargerite *(Argyranthemum frutescens)* und der Zistrose *(Cistus-Arten)* können Blüten in Rosa und Weiß beisteuern. Besonders attraktiv ist die Duftblüte *(Osmanthus-Arten)*, da ihre weißen Blüten nicht nur attraktiv aussehen, sondern auch lieblich duften. Wer große rosafarbene Blüten mag, holt sich Strauchmalven *(Lavatera)*, die in der Mittelmeerregion oft anzutreffen sind, auf die Terrasse.

Mischen Sie ein paar Sommerblumen in das Kübelpflanzenarrangement. Weiß- oder rosablühende Pelargonien passen zum mediterranen Flair. Für Unterpflanzungen von Hochstämmen eignen sich weiß blühender Duftsteinrich *(Lobularia maritima)* oder das weiße bis rosafarbene Spanische Gänseblümchen *(Erigeron karvinskianus)*.

▶ **Geschützt hinter einem Rankgitter können Sie auf der gemütlichen Holzbank die Seele baumeln lassen. Am Abend lässt der Lichtschein der Fackeln die Schatten der Bougainvillee und des Lavendels stimmungsvoll tanzen.**

▲ **Schirmen Sie Ihren Lieblingsplatz mit Kletterpflanzen wie einer Passionsblume ab.**

Die kleinen Blütentrauben des Duftsteinrichs riechen honigsüß.

Liegt Ihr Feierabendplatz mitten im Garten, dann umgeben Sie ihn mit hellblütigen Sträuchern wie Duftjasmin *(Philadelphus coronarius)* oder Kolkwitzie *(Kolkwitzia amablilis)*, die nicht nur abends schön aussehen, sondern auch noch Sichtschutz geben.

Richtig stimmungsvoll wird Ihr Lieblingsplatz, wenn die an ihn grenzenden Beete ebenfalls in zarten Farben gestaltet sind. Kombinieren Sie Schafgarbe *(Achillea millefolium)*, Schleierkraut *(Gypsophyla paniculata)* mit graulaubigen Pflanzen wie Heiligenkraut *(Santolina chamaecyparis)* oder Lavendel. Und verzichten Sie nicht auf die hellgelben Blüten der Nachtkerze *(Oeonthera)*, die auch abends ihre duftenden Blüten geöffnet hat.

Hauptsache gemütlich

Ein Sichtschutz ist für Ihre Ruheoase unerlässlich, damit Sie sich richtig wohl fühlen. Auf der Terrasse können Sie zum Beispiel mobile Pflanzkästen mit Rankgittern aufstellen. Kletternde Kübelpflanzen wie Passionsblumen *(Passiflora-Arten)* oder Sternjasmin *(Trachelospermum jasminoides)*, dessen weiße Blüten auch noch süß duften, bilden schnell grüne Wände.

Im Garten schützen Sie Ihren Sitzplatz mit Formhecken aus Eiben oder Hainbuchen. Schön gemütlich sind auch Pavillons, die Sie einfach von Kletterrosen oder Blauregen *(Wisteria)* beranken lassen. Jetzt fehlt nur noch ein bequemer Liegestuhl, ein Glas Wein und romantischer Kerzenschein – schon steht Ihrer Wellnesskur im eigenen Garten nichts mehr im Wege.

In Kräuterdüften schwelgen

▲ Bei den buntlaubigen Salbeisorten (*Salvia officinalis* in Sorten) ist es nicht nur die Heilwirkung und das Aroma des aus dem Mittelmeerraumstammenden Krauts, dass es zu einem besonderen Gartenschatz macht, sondern auch die dekorative Farbverläufe auf den Blättern. Einen schönen Kontrast zu den samtigen Salbeiblättern bildet die feinen Zweige mit weiß-grün panaschierten Blättern des Zitronenthymians *(Thymus × citriodorus)* und das zerschlitzte Laub der Kamille.

▶ Lavendelduft ist im mediterranen Garten unentbehrlich. Im Topf wächst der Halbstrauch genauso gut wie ausgepflanzt im Freien, vorausgesetzt er darf in lockerer, nährstoffarmer, durchlässiger Erde stehen. Wer Lavendel für Duftpotpourris trocknen möchte, sollte die Blüten kurz nach dem Erblühen ernten. Nach der Blüte sollten Sie den Strauch um etwa ein Drittel zurückschneiden, damit er schön kompakt bleibt.

▼ Rosmarin verbreitet Mittelmeerstimmunng – auch im kühleren Norden. Hier muss der frostempfindliche Strauch jedoch im Haus überwintern. Verwenden Sie Rosmarin am besten frisch gepflückt, wenn Sie Fleisch, Geflügel und Fisch würzen möchten. Wenn Sie das Kraut lagern möchten, dann ernten Sie ganze Zweige, die am Stück getrocknet werden, dann hält sich das Aroma länger.

Früchte und Gemüse für Feinschmecker

Frische Tomaten mit Basilikum und Mozzarella oder ein üppig gefüllter Früchtekorb mit Weintrauben, Zitronen und Kiwis – da bekommt man Appetit auf Urlaub. Für diesen Genuss müssen Sie jedoch nicht in die Ferne schweifen, denn mediterranes Obst und Gemüse lässt sich auch im heimischen Garten oder im Topf anbauen.

Tutti Frutti: Früchtchen für Zuhause

Zitrus, der Inbegriff des Südens, funktioniert prima im Topf und ist recht pflegeleicht. Mit leckeren Früchten können so einige Zitrus-Arten aufwarten: Kumquats *(Citrus japonica)* schmecken süßlich sauer und lassen sich samt der zuckersüßen Schale essen. Klassische Südfrüchte tragen Orangen *(Citrus × aurantium)*, Zitronen *(C. limon)* und Mandarinen *(C. × reticulata)*. Bei allen Zitrus-Arten gilt: Sind zu viele Fruchtansätze vorhanden, muss ausgedünnt werden – auch, wenn es schwer fällt. Aber eine geringere Früchteanzahl bedeutet umso größere und aromatischere Früchte.

Genauso wie Zitrusbäumchen werden auch Wollmispel *(Eriobotrya japonica)*, Olivenbaum *(Olea europaea)*, Erdbeerbaum *(Arbutus unedo)*, Granatapfel *(Punica granatum)* und Feigenkaktus *(Opuntia)* im Topf gehalten, weil sie den Winter im Haus verbringen müssen. Mit dem Erdbeerbaum und der Wollmispel holen Sie sich zwei echte Schätze auf die Terrasse: Der bis zu zwei Meter hohe Erdbeerbaum macht seinem Namen alle Ehre und trägt erdbeerähnliche, allerdings wenig bekömmliche, Früchte. Die Wollmispel zeigt mirabellenartige, orange-gelbe, säuerlich schmeckende Früchte und große, imposante Blätter.

Glücklich können sich Mittelmeerfans schätzen, die in milden Weinbaugebieten zu Hause sind. Hier wachsen Feigen *(Ficus carica)*, Aprikosen *(Prunus armeniaca)*, Pfirsich *(Prunus persica)* und Kiwis *(Actinidia chinen-*

◄ **Dekorativ und lecker: Ein Obstteller mit exotischen Früchten.**

▶ **Die Blüte der Artischocke ist zwar wunderschön, aber geerntet wird die Knospe.**

▼ **Ein Naschgarten für die Terrasse oder den Balkon mit leckeren Tomaten, Paprika, scharfen Peperoni und dunkelvioletten Auberginen.**

sis) problemlos ganzjährig im Garten. In rauen Klimagegenden ist jedoch ein Winterschutz empfehlenswert beziehungsweise die Topfkultur.

Wenn es das örtliche Klima zulässt, sollten Sie sich eine mit Weinreben *(Vitis vinifera)* berankte Pergola über der Terrasse gönnen – wo könnte man schöner seinen Cappuccino genießen als im lichten Schatten einer Weinrebe?

Buon appetito: mediterraner Gemüsegenuss

Mediterranes Gemüse hat längst Einzug in unsere Gärten gehalten: Zucchini, Auberginen & Co. machen Lust auf die aromatische Mittelmeerküche. Sie können dieses gesunde Gemüse im Beet oder Gewächshaus, aber auch im Topf anbauen.

Bestens im Topf wachsen zum Beispiel Paprika *(Capsicum annuum)*, Aubergine *(Solanum melongena)* und Artischocke *(Cynara scolymus)*. Bei Paprika haben Sie die Wahl zwischen Gemüsepaprika, zum Beispiel der Sorte 'Cartago F1', oder scharfen Gewürzsorten wie 'Fireflame F1'. Artischocken werden geerntet, wenn die Blütenblätter noch eng anliegen. Mit Winterschutz wachsen Artischocken mehrjährig.

Absolutes Lieblingsgemüse in der mediterranen Küche sind natürlich Tomaten *(Lycopersicon esculentum)* und Zucchini *(Cucurbita pepo* var. *melopepo)*. Im Handel findet man eine reiche Auswahl an verschiedenen Tomatensorten. Lassen Sie einfach Ihren Geschmack entscheiden, ob Sie lieber kleine, süße Cocktailtomaten anbauen oder auf eine normalgroße Sorte wie 'Phantasia F1', die auch noch Braunfäule resistent ist, setzen. Zucchinis sind wahre Ertragswunder: Ein bis zwei Pflanzen reichen, um eine Familie den Sommer über zu versorgen. Anbautipp: Setzen Sie eine grüne, zum Beispiel 'Diamant', mit einer gelben Sorte, wie 'Gold Rush', zusammen.

Zitruspflanzen

▲ Die Calamondin-Orange (*Citrus × microcarpa*) macht einfach Spaß:
Sie wächst schön kompakt, ist extrem pflegeleicht und trägt besonders
viele Früchte – eine empfehlenswerte Einsteigerpflanze für Zitrusfans.

Tipps und Tricks

► Stellen Sie die Pflanzen an einen warmen, windgeschützten und sonnigen Platz

► Gießen Sie mit Regenwasser oder weichem, abgestandenem Leitungswasser. Die Erde sollte zwischen den einzelnen Gießgängen gut abtrocknen. Staunässe vermeiden. Abschüssiges Wasser aus Untersetzern ausgießen.

► Gedüngt wird von April bis Anfang September wöchentlich. Spezieller Zitrusdünger beugt Eisenmangel vor.

► Topfen Sie die Pflanzen etwa alle zwei bis drei Jahre um. Die Erde sollte durchlässig sein. Ein Drittel Blähton sorgt zum Beispiel für guten Wasserdurchlauf. Mit spezieller Zitruserde sparen Sie sich das Zusammenmischen der Topferde.

► Ab Oktober werden Zitruspflanzen in ein kühles, helles Winterquartier im Haus gebracht. Die meisten Arten mögen einen 5 bis 10 °C warmen Platz.

► Pflanzen während des Sommers und besonders im Winterquartier auf Schild- und Blattläuse sowie Spinnmilben kontrollieren.

► Bei einem Rückschnitt kurz vor dem Neuaustrieb im Frühjahr entfernen Sie zu lang gewordene Triebe.

◄ Die meisten Zitruspflanzen zeigen das ganze Jahr über Blüten und Früchte. Deshalb können Sie himmlischen Blütenduft genießen und gleichzeitig die knallgelben oder orangefarbenen Früchte ernten. Was will man mehr?

◄ An den Früchten der Zitrone (Citrus limon) kann man sich auch erfreuen, wenn sich die Sonne im Sommer nicht so häufig blicken lässt.

Dick ist in!

Etwas bizarr wachsende, dickblättrige Pflanzen gehören zu einem mediterranen Garten wie der Milchschaum auf den Latte macchiato. Überall in den Mittelmeerländern sind diese Überlebenskünstler der Pflanzenwelt zu finden: Auf den Balearen schmücken imposanten Agaven beinahe jeden Garten. Auch in Griechenland sieht man dickblättrige Pflanzen wie Echeverien in Töpfen und Amphoren, und in der freien Landschaft begegnet man immer wieder großen Exemplaren des Feigenkaktus.

Die dickblättrigen Pflanzen, so genannte Sukkulenten, fühlen sich in südlichen Ländern deshalb so wohl, da sie in ihren Blättern Wasser und Nährstoffe speichern können. Tage und Wochen ohne Regen überstehen sie mit Hilfe dieser Vorräte genauso gut wie Kakteen. Für Mittelmeerfans, die gerne verreisen oder wenig Zeit zum Gießen haben, sind die „dicken" Pflanzen einfach unverzichtbar.

Topfgarten für Faule

Dickblättrige Pflanzen, die nicht winterhart sind, pflanzen Sie am besten in Töpfe. Die genügsamen Pflanzen brauchen einen sonnigen Platz und ein durchlässiges Erdsubstrat, das zu einem Drittel aus Sand und Kies besteht.

◄ **Die flachen Blattrosetten des Aeoniums fallen sofort auf. Es gibt viele verschiedene Sorten, darunter auch solche mit dunkelroten, beinahe schwarzen Blättern.**

Große Gefäße mit Agaven und Aloe verbreiten ihren eigenwilligen Charme nicht nur auf der Terrasse, sondern auch an markanten Punkten im Garten, zum Beispiel an Wegkreuzen. Harmonisch wirken Topfpaare, die zum Beispiel eine Gartenbank einrahmen. In Reihe aufgestellt und in gleichförmige Töpfe gesetzt, betonen kleine Gruppen mit drei bis fünf Pflanzen Sichtachsen oder Wegverläufe.

Platzieren Sie etwas kleinere Pflanzen direkt an Ihrem Sitzplatz, um die interessanten Blätter stets aus der Nähe betrachten zu können. Angesichts der faszinierenden Formenvielfalt der Sukkulenten gerät man leicht ins Schwärmen: Hübsche Blattrosetten zeigen zum Beispiel Echeverien *(Echeveria)* und *Graptopetalum*. Strauchartig, mit verzweigten Ästen, wachsen *Cotyle-*

don undulata, verschiedene *Kalanchoë*-Arten, der Geldbaum *(Crassula arborescens)* und *Aeonium arboreum*. Von der letztgenannten Pflanze gibt es wunderschöne dunkelblättrige Sorten, zum Beispiel 'Atropurpureum' und 'Schwarzkopf'.

Eine weitere dankbare Topfpflanze ist Christusdorn *(Euphorbia milii)*. In mediterranen Gefilden kann man ganze Hecken aus dieser robusten Wolfsmilchs-Art be-

◀ **In stilvollen Gefäßen präsentiert, kommen die langen Blätter der Baum-Aloe *(Aloe arborescens)* am besten zur Geltung.**

▼ **Viele Feigenkaktus-Arten sind auch in unseren Breitengraden winterhart und können draußen überwintern. Die Rosetten der Hauswurz passen gut zu den stacheligen Kakteengestalten.**

wundern. Bei uns wird Christusdorn immerhin bis zu einem Meter hoch und zeigt rote, weiße oder rosafarbene Blüten. Ebenfalls pflegeleichte Kübelpflanzen sind Feigenkaktus-Arten *(Opuntia)*. Töpfe mit *Opuntia fragilis*, *O. phaecantha* und *O. hystricina* können sogar den Winter draußen verbringen, wenn sie vor Nässe geschützt werden.

Winterharte Sukkulenten für den Garten

Wer sich das Einräumen im Winter sparen möchte, holt sich winterfeste Sukkulente ins heimische Mittelmeerparadies. Hauswurz *(Sempervivum)*, Fetthennen *(Sedum)* oder die Walzen-Wolfsmilch *(Euphorbia myrsinitis)* gedeihen im Topf genauso prächtig wie frei ausgepflanzt im Beet.

Die schönsten Pflanzen für den mediterranen Garten

Bäume und Sträucher

Schmetterlingsstrauch

Schmetterlingsstrauch, Sommerflieder

Buddleja-Davidii-Cultivars
Herkunft: gärtnerische Züchtung, ursprünglich China, Japan
Aussehen: aufrechter Strauch, breit trichterförmig bis überhängend, 2 bis 3 m hoch und genauso breit, aufrechte Blütenrispen je nach Sorte weiß, blau, violett, rot, rosa oder weiß von Juli bis September, Laub graugrün, unterseits graufilzig, lange haftend
Standort: sonnig, Boden durchlässig, auch nährstoffarm
Verwendung: Einzelstellung in Staudenrabatten Rasenflächen, als Rosenbegleiter, lockt Insekten, vor allem Schmetterlinge, in großer Zahl an, für Kübel geeignet

Buchsbaum

Buxus sempervirens var. *arborescens*
Herkunft: Süd- und Mitteleuropa
Aussehen: kleiner, vieltriebiger, aufrechter oder buschiger Strauch oder Kleinbaum, 2 bis 4 m hoch und breit, Blüten unscheinbar von April bis Mai, Laub dunkelgrün oder bläulich grün, immergrün
Standort: sonnig bis schattig, Boden mäßig trocken bis frisch, nahrhaft
Verwendung: Einfassungshecken für Rosen- und Staudenbeete, einzeln oder in Gruppen, für Kübel und Tröge, ideal für Formschnitt

Bartblume

Caryopteris × clandonensis
Herkunft: Ostasien
Aussehen: kleiner, vieltriebiger, aufrechter oder buschiger Strauch oder Halbstrauch, bis 1 m hoch und breit, Blüten dunkelblau, in den Blattachseln am Ende der Jahrestriebe von August bis September, Laub oberseits tief-, unterseits graugrün, aromatisch duftend
Standort: sonnig, Boden trocken bis frisch, nicht zu schwer, durchlässig, kalktolerant
Verwendung: Rosenbegleiter, in Staudenrabatten, einzeln oder in Gruppen, für Kübel, Steingarten, Bienenweide

Edel-Kastanie, Ess-Kastanie, Marone

Castanea sativa
Herkunft: Südeuropa, Nordafrika, Kleinasien
Aussehen: imposanter Großbaum mit breit ausladender Krone und oft drehwüchsigem Stamm, 10 bis 20 (35) m hoch und 10 bis 15 m breit, männliche Blüten in aufrechten, grünweißen Ähren, weibliche unscheinbar an deren Basis von Mai bis Juni/Juli, Laub glänzend dunkelgrün, Herbstfärbung gelb
Standort: sonnig, keine besonderen Bodenansprüche, nicht zu trockene, frische Böden bevorzugt
Verwendung: eindrucksvoller Solitärbaum für große Gärten und Parkanlagen, Bienenweide

Ess-Kastanie

Judasbaum

Gewöhnlicher Judasbaum

Cercis siliquastrum

Herkunft: Südeuropa

Aussehen: hoher Strauch oder kleiner Baum mit aufrechten Trieben, im Alter auch malerische schirm- bis tricherförmige Krone, 4 bis 6 m hoch und 3 bis 6 m breit, purpurrosa Schmetterlingsblüten in Trauben am mehrjährigen Holz, auch an alten Stämmen, vor dem Laubaustrieb im April, Laub mattgrün, oberseits bläulich, unterseits gräulichgrün, Herbstfärbung gelb

Standort: sonnig, warm geschützt, sandige, durchlässige Lehmböden, mäßig trocken bis trocken, kalkliebend

Verwendung: interessantes Blütengehölz für Einzelpflanzung in Gärten und Parkanlagen, stadtklimageeignet, Bienenweide, auch für Kübel

Mittelmeer-Zypresse

Cupressus sempervirens

Herkunft: östliches Mittelmeergebiet, Türkei, Iran

Aussehen: schmal säulen- bis kegelförmig, 20 bis 25 m hoch und 2 bis 3 m breit, schuppenförmige Nadeln grau- bis dunkelgrün

Mittelmeer-Zypresse

Standort: sonnig, windgeschützt, Boden durchlässig, sandig-lehmig

Verwendung: einzeln oder in Gruppen als Rahmen für mediterrane Pflanzungen, in kühleren Gegenden besser im Kübel halten, in rauen Lagen besser durch die Scheinzypresse *(Chamaecyparis lawsoniana)* ersetzen, die voll winterhart ist

Besen-Ginster

Cytisus scoparius

Herkunft: Mitteleuropa

Aussehen: vieltriebiger Strauch mit aufrecht wachsenden Zweigen, 0,5 bis 1,8 m hoch und 1 bis 2 m breit, gelbe Schmetterlingsblüten von Mai bis Juni, Laub dunkelgrün

Standort: sonnig, Boden durchlässig, sauer bis neutral, keine Nässe

Verwendung: Gruppenpflanzung, Bienenweide, Steingarten, Heidegärten, nicht als Unterpflanzung von Schatten werfenden Gehölzen

Besen-Ginster

Buntlaubige Ölweide

Elaeagnus pungens

Herkunft: Japan

Aussehen: aufrechter, dicht buschig wachsender, mittelgroßer Strauch, 1 bis 2 m hoch und 1 bis 2 m breit, Blüten unscheinbar von Mai bis Juni, Laub glänzend dunkelgrün oder gelbgrün panaschiert (Sorte 'Maculata', immergrün

Standort: sonnig bis absonnig, geschützt, Boden durchlässig, gleichmäßig feucht, kalkfrei

Verwendung: auffällige Blattschmuckpflanze für Gärten und Parks, auch im Kübel,
die Schmalblättrige Ölweide *(Elaeagnus angustifolia)* hat silbriges Laub und ist ein toller Ersatz für den Olivenbaum

Buntlaubige Ölweide

Eukalyptus
Eucalyptus gunnii
Herkunft: Australien
Aussehen: aufrecht bis ausladend baum-
förmiger Strauch, bei uns 2 bis 3 m hoch und
breit, Blüten klein, weiß bis cremeweiß, unscheinbar, Laub graugrün, immergrün
Standort: sonnig, Boden durchlässig, sandig-humos, frisch bis feucht
Verwendung: eindrucksvoller Strauch oder
kleiner Baum, der meist als Kübelpflanze
gezogen wird, dann bei 5 bis 10 °C hell überwintern, friert im Freien ohne Winterschutz
zurück, treibt aber meist wieder aus

Echter Feigenbaum
Ficus carica
Herkunft: Westasien, östlicher Mittelmeer-
raum

Aussehen: mittelgroßer, erst aufrecht,
später breit ausladender Strauch, 2 bis 3 m
hoch und 2 bis 4 m breit, Blüten unscheinbar, ganzjährig in Abständen, Laub grün, im
Herbst gelblich
Standort: sonnig, geschützt, frisch bis
feucht, durchlässig
Verwendung: Blattschmuckpflanze, die
bei uns oft als Kübelpflanze gezogen wird,
wird in milden Gegenden aber auch frei ausgepflanzt, passt in mediterran gestaltete
Gärten, vor Mauern oder Hauswänden, an
geschützten Gartenplätzen, die Bayernfeige
gilt als die frosthärteste Sorte

Feige

Goldland-Ginster
Genista lydia
Herkunft: Südeuropa, Westasien
Aussehen: Zwergstrauch, breit und flach
wachsend, mit dicht stehenden, bogig überhängenden Zweigen, 0,4 bis 0,5 m hoch und
bis 1 m breit, goldgelbe Schmetterlingsblüten von Mai bis Juni, Laub graugrün
Standort: sonnig, Boden durchlässig, nicht
zu feucht

Goldland-Ginster

Verwendung: zur Blütezeit auffälliger
Zwergstrauch für Rabatten und Mauer-
kronen, Trockenmauern, Stein- und Heidegärten, für Kübel und Tröge geeignet

Gleditschie, Dreidorniger Lederhülsenbaum
Gleditsia triacanthos
Herkunft: Nordamerika

Lederhülsenbaum 'Sunburst'

Aussehen: mittelgroßer bis großer Baum mit unregelmäßig lockerer, schirmförmiger Krone, Rinde mit auffallenden, verzweigten Dornen, 10 bis 25 m hoch und 8 bis 15 m breit, Blüten grünlich weiß von Juni bis Juli, Laub frischgrün, Herbstfärbung reingelb
Standort: sonnig, anpassungsfähig, durchlässiger Boden
Verwendung: schöner Solitärbaum für große Gärten und Parks, wirft lichten Schatten (ideal für Terrassen), es gibt verschiedene Sorten, zum Beispiel 'Inermis' ohne Dornen oder 'Sunburst' mit leuchtend gelblichem Laub

Garten-Eibisch

Strauch-Eibisch, Garten-Eibisch

Hibiscus syriacus
Herkunft: Indien, China
Aussehen: aufrechter, breit trichterförmiger, kleiner bis mittelgroßer Strauch mit im Alter leicht gewölbtem Wuchs, 1,5 bis 2 m hoch und 1 bis 1,5 m breit, Blüten weiß, rosa, rot, hellblau bis lilablau, einfach oder gefüllt

Johanniskraut

von Juni bis September, Laub mittelgrün, Herbstfärbung gelblich
Standort: sonnig, nährstoffreiche Böden bevorzugt, guter Wasserabzug
Verwendung: beliebter Blütenstrauch, als Solitär oder Hecke, in Staudenrabatten und in der Nähe von Terrassen, auch für Kübel

Kriechendes Johanniskraut, Niedriges Johanniskraut

Hypericum calycinum
Herkunft: Südosteuropa, Kleinasien
Aussehen: ausläufer- und teppichbildender Halbstrauch, bis 0,3 m hoch und breit, auffällige, leuchtend gelbe Schalenblüten mit herausragenden Staubgefäßen, dauerblühend von Juli bis September, Laub matt bis mittelgrün, wintergrün
Standort: sonnig bis schattig, Boden durchlässig, mäßig trocken bis frisch
Verwendung: wintergrüner Bodendecker, der auch während der kalten Jahreszeit grüne Farbe in den Garten bringt, Insektenweide, friert bei starkem Frost zurück, treibt aber wieder aus

Blauer Raketen-Wacholder

Juniperus scopulorum 'Blue Arrow'
Herkunft: Nordamerika
Aussehen: straff aufrecht wachsender, sehr schmaler, säulenförmiger Wacholder, 2 bis 4 m hoch und nur 0,4 m breit, Nadeln graublau
Standort: sonnig, anspruchslos, Boden trocken bis frisch, nicht zu nahrhaft
Verwendung: Einzeln oder in Gruppen, für Staudenbeete und Gehölzpflanzungen, im Vorgärten, Ersatz für die Mittelmeerzypresse in kalten Regionen, auch für Kübel, 'Blue Arrow' ist eine Verbesserung der Sorte 'Skyrocket', die auch im Alter geschlossen bleibt

Raketen-Wacholder

Edel-Goldregen

Laburnum × watereri 'Vossi'

Herkunft: die Eltern der Kreuzung stammen aus Südeuropa

Aussehen: großer Strauch oder kleiner Baum mit straff aufrechten Trieben und im Alter trichterförmigem Wuchs, giftig, 5 bis 6 m hoch und 3 bis 4 m breit, Blüten leuchtend gelb, in hängenden Rispen von Mai bis Juni, Laub mittelgrün, Herbstfärbung gelb

Standort: sonnig bis halbschattig, anpassungsfähig, Boden trocken bis frisch

Verwendung: einzeln oder in Gruppen, Blütenhecken, besonders schön in Kombination mit Blauregen oder Flieder

Edel-Goldregen

Roter Buschklee

Lespedeza thunbergii

Herkunft: Ostasien

Aussehen: kleiner bis mittelgroßer Strauch, mit ausgebreiteten bis schleppenartig überhängenden Trieben, die bis zu 3 m lang werden können, 0,8 bis 1 m hoch und breit, Blüten rotviolett von September bis Oktober, Laub grün bis blaugrün, kleeblattähnlich, Herbstfärbung fahlgelb

Standort: volle Sonne, geschützt, windgeschützt, nicht zu nährstoffreicher Boden

Verwendung: toller Herbstblüher mit oft üppiger Blütenpracht – ähnlich einem Goldregen nur in Rotviolett

Großblütige Magnolie

Magnolia grandiflora

Herkunft: Nordamerika

Aussehen: kleiner bis mittelgroßer Baum mit breit kegelförmiger Krone, Äste dicht verzweigt, 5 bis 18 m hoch und 7 bis 15 m breit, Blüten weiß bis cremeweiß von August bis Oktober, Laub glänzend dunkelgrün, unterseits bräunlich, immergrün

Standort: sonnig, Boden sauer bis neutral, durchlässig, frisch

Verwendung: in der Jugend etwas frostempfindliche Magnolienart, die bei uns meist im Kübel für Balkon und Terrasse kultiviert wird, in milden Regionen sind erwachsen gepflanzte Exemplare recht frosthart

Silberstrauch, Blauraute

Perouskia abrotanoides

Herkunft: Westasien

Aussehen: kleiner Strauch oder Halbstrauch, aufrecht wachsend, wenig verzweigt, 0,5 bis 1 m hoch und genauso breit, Blüten lichtblau bis violettblau von August

Großblättrige Magnolie

bis Oktober, Laub weißfilzig bis graugrün, aromatisch duftend

Standort: sonnig, warm, geschützt, Boden durchlässig, trocken bis feucht

Verwendung: attraktiver Halbstrauch für Stauden- und Gräserrabatten, Rosenbegleiter

Blauraute

Zwergmandel

Prunus tenella

Herkunft: Südosteuropa, Nordostasien

Aussehen: aufrecht wachsender Strauch, Ausläufer treibend, 0,6 bis 1,5 m hoch und breit, Blüten rosarot, zahlreich von April bis Mai, Laub glänzend grüne Blätter

Standort: sonnig bis halbschattig, nahrhaft, durchlässig

Verwendung: reich blühender Zierstrauch, verträgt Trockenheit, Blütenhecken, gedeiht auch im Kübel

Weidenblättrige Birne

Weidenblättrige Birne

Pyrus salicifolia

Herkunft: Südosteuropa, Westasien

Aussehen: kleiner Baum oder großer Strauch mit kurzem, häufig drehwüchsigem Stamm, Äste weit überhängend, 4 bis 6 m hoch und im Alter genauso breit wie hoch, Blüten weiß von April bis Mai, Laub silbrig graugrün, silberweißer Austrieb

Standort: sonnig, durchlässig, trocken bis frisch

Verwendung: Einzelstellung in Hausgärten und Parks, das silbrige Laub passt gut zu Steppen- und Gräserpflanzungen, Ersatz für den Olivenbaum, verträgt Hitze und Trockenheit, Bienenweide

Tamariske

Tamarix ramosissima

Herkunft: Südeuropa bis Asien

Aussehen: breit aufrecht wachsender Großstrauch mit locker verzweigten, bogig überhängenden Zweigen, 3 bis 4 m hoch und 2 bis 3 m breit, Blüten attraktiv rosa, aus 3 bis 8 cm langen Trauben zusammengesetzt, von Juli bis September, Laub blaugrün

Standort: sonnig, hitze-, trockenheit- und stadtklimaverträglich, durchlässiger Boden

Verwendung: prächtiges Blütengehölz, Einzelstellung, vor Mauern und im Steppengarten. windfest

Tamariske

Mittelmeer-Schneeball

Eibe

Taxus baccata

Herkunft: Mitteleuropa

Aussehen: Großstrauch oder mittelgroßer Baum mit breit kegelförmiger Krone, 10 bis 15 m hoch und bis 12 m breit, Nadeln glänzend dunkelgrün

Standort: sonnig bis schattig, durchlässig, frisch bis feucht, nährstoffreich

Verwendung: einzeln und in Gruppen, Hecken, schnittverträglich, Formschnitt

Mittelmeerschneeball

Viburnum tinus

Herkunft: Mittelmeerraum

Aussehen: dichtbuschiger Strauch, 1,5 bis 2,5 m hoch und breit, Blüten weiß, von März bis April, bei Kübelpflanzen oft schon im November, Laub glänzend grün, immergrün, stahlblaue Beeren

Standort: sonnig bis halbschattig

Verwendung: Solitärgehölz, schnittverträglich, in milden Lagen winterhart, sonst besser als Kübelpflanze, bei 3 bis 5 °C hell überwintern

Kletterpflanzen

Klettertrompete

Großblättrige Pfeifenwinde

Großblättrige Pfeifenwinde

Aristolochia macrophylla
Herkunft: Südamerika
Aussehen: stark schlingender Kletterstrauch, 8 bis 10 m hoch und 2 bis 2 m breit, Blüten grünlich braun, unscheinbar, von Juni bis Juli, Früchte gurkenähnlich, Laub dachziegelartig, groß, dunkelgrün, herzförmig
Standort: halbschattig bis schattig, Boden frisch bis feucht, durchlässig, nahrhaft
Verwendung: zur Begrünung von Pergolen, Fassaden, Zäunen und Spalieren

Trompetenblume

Campsis × tagliabuana 'Mme Galen'
Herkunft: Nordamerika
Aussehen: mit Haftwurzeln selbstklimmender Kletterstrauch, 5 bis 10 m hoch und 3 bis 7 m breit, Blüten trompetenförmig, bis 8 cm lang, leuchtend orangerot, von Juni bis September, Früchte wie riesige Bohnen, Laub dunkelgrün, unpaarig gefiedert
Standort: vollsonnig, geschützt, warm, feuchter Wurzelbereich
Verwendung: zur Begrünung von Pergolen, Fassaden, Zäunen und Spalieren

Clematis, Waldrebe

Clematis-Cultivars
Herkunft: gärtnerische Züchtung
Aussehen: aufrecht kletternd bis rankend, kompakt wachsende Kletterer, je nach Sorte 2 bis 5 m hoch und 1 bis 2 m breit, Blüten rosa, rot, blau, violett, weiß, mehrfarbig, gestreift, einfach oder gefüllt von Juni bis September, Laub mattgrün bis bläulich grün
Standort: sonnig bis halbschattig, Boden durchlässig, humos, nahrhaft, vertragen keine Trockenheit
Verwendung: zur Begrünung von Pergolen, Spalieren, Zäunen und Mauern, in Bäume wachsend, brauchen eine Kletterhilfe, als Rosenbegleiter, viele Sorten sind für Kübel geeignet

Immergrüne Clematis *(Clematis armandii)*

Passionsblume

Schönranke

Eccremocarpus scaber

Herkunft: Südamerika, Chile

Aussehen: schlank aufrecht kletternd, 2 bis 3 m hoch und breit, Blüten orangerot von Mai bis Oktober, Laub hellgrün

Standort: sonnig, möglichst vor Regen geschützt

Verwendung: wird meist einjährig gezogen, als Sicht- und Windschutz geeignet, Begrünung von Pergolen und Spalieren

Duftwicke

Lathyrus odoratus

Herkunft: Südeuropa

Aussehen: mit Blattranken klimmende, einjährige Kletterpflanze, 1,5 bis 2 m hoch, Breite abhängig vom Klettergerüst, Blüten purpurrosa bis dunkelpurpurn, viele Sorten, auch zweifarbige, blüht von Juni bis September, Laub mittel- bis dunkelgrün

Standort: sonnig bis halbschattig, windgeschützt, durchlässig, nahrhaft

Verwendung: Begrünung von Pergolen und Zäunen, duftend, in Blumenbeeten, gibt schnellen Sichtschutz, leicht auszusäen, Blüten halten sich gut in der Vase

Passionsblume

Passiflora caerulea

Herkunft: Südamerika

Aussehen: kletternd, 3 bis 5 m hoch, Breite je nach Klettergerüst, Blüten weiß bis purpurrosa von Juni bis September, Laub grün

Duftwicke

Standort: sonnig, durchlässig, nahrhaft

Verwendung: prächtige Blütenpflanze für Kübel, gibt schnellen Sichtschutz, ist nur in ganz milden Regionen winterhart, besser ist eine helle Überwinterung im Haus im Topf bei 8 bis 10 °C

Rosenkelch

Rosenmantel, Rosenkelch, Rosenkleid

Rhodochiton atrosanguineum
Herkunft: Mexiko
Aussehen: kletternd, 2 bis 3 m hoch und breit, Blüten rötlich purpur bis purpurschwarz von Juni bis September, Laub grün
Standort: sonnig bis lichtschattig, geschützt, frisch bis feucht, nahrhaft
Verwendung: meist nur einjährig gezogen, in Blumenbeeten, zur Begrünung von Pergolen und Spalieren

Schwarzäugige Susanne

Thunbergia alata
Herkunft: Afrika
Aussehen: windend oder kletternd, 1,2 bis 2 m hoch und breit, Blüten orangegelb, gelb, auch weiß, mit dunkelbrauner Mitte von Juni bis Oktober, Laub dunkelgrün
Standort: sonnig bis halbschattig
Verwendung: einjährig, in Blumenbeeten,

Echtes Geißblatt

Lonicera caprifolium
Herkunft: Mitteleuropa
Aussehen: schlingendern Kletterstrauch, 3 bis 6 m hoch und bis 3 m breit, Blüten gelb bis rötlich, röhrenfömig, abends duftend, von April bis Mai, Laub bläulich grün, Beeren orangerot, giftig

Standort: sonnig bis lichtschattig, schattiger Wurzelbereich
Verwendung: zur Begrünung von Pergolen und Spalieren, in Hecken, als Sichtschutz, Vogelschutzgehölz, lockt Bienen an

▶ Scharlach-Wein

Blauregen, Glyzine

Wisteria floribunda

Herkunft: Japan, Korea

Aussehen: schlingender, rechtswindender Kletterstrauch, 6 bis 8 m hoch und 4 bis 8 m breit, Blüten je nach Sorte violettblau, hell-rosa oder weiß, erscheinen mit den Blättern von Mai bis Juni, Laub frischgrün

Standort: sonnig, wärmeliebend, ge-schützt, anspruchslos, durchlässig, hoher Wasser- und Nährstoffbedarf

Verwendung: Fassadenbegrünung, an Per-golen, Mauern, Spalieren, Zäunen, Sicht-schutz, Vogelschutzgehölz, Vorsicht: die kräftigen Lianen können Dachrinnen und Regenfallrohre zusammendrücken.

Schwarzäugige Susanne

Ampeln, zur Begrünung von Gittern, Zäunen und kleinen Wandflächen, für Pergolen und Spaliere, Bienenweide

Tafeltraube

Vitis vinifera

Herkunft: Europa, Asien, Nordamerika

Aussehen: mit Blattranken kletternde Pflanze, bis 7 m hoch und breit, Blüten un-scheinbar, von Mai bis Anfang Juni, Laub mittel- bis dunkelgrün, 3- bis 5-lappig

Standort: sonnig, warm und geschützt, keine besonderen Bodenansprüche

Verwendung: beliebtes Obstgehölz für warme Plätze, Spaliere und Pergolen, Vogel-nährgehölz

Scharlach-Wein

Vitis coignetiae

Herkunft: Japan

Aussehen: stark wachsende Rankpflanze mit großen Blättern, 6 bis 8 m hoch und breit, Blüten bräunlich rosa, unscheinbar, von Mai bis Juni, Laub mittel- bis dunkel-grün, wunderschöne Herbstfärbung leuch-tend rot bis orangebraun

Standort: sonnig bis halbschattig, ge-schützt,warm, frisch bis mäßig trocken, nährstoffreich

Verwendung: zur Begrünung von Fassa-den, Mauern, Spalieren, Zäunen und Pergolen, in Bäumen wachsend, auch für Kübel

Blauregen

Stauden

Balkan-Bärenklaue, Ungarischer Akanthus

Acanthus hungaricus

Herkunft: Dalmatien, Griechenland

Aussehen: aufrecht buschig, 0,8 bis 1 m hoch und 0,6 bis 0,9 m breit, Blüten zylindrische Ähren, rosaweiß von Juni bis August, Laub mittelgrün

Standort: sonnig, durchlässiger Boden

Verwendung: mediterraner Klassiker mit auffälligen Blättern und attraktiven Blütenständen, Rückschnitt ab Oktober

Balkan-Bärenklaue, Ungarischer Akanthus

Riesen-Lauch

Riesen-Lauch

Allium giganteum

Herkunft: Zentralasien

Aussehen: aufrecht, horstbildend, 1,5 bis 2 m hoch und 20 cm breit, Blüten in kugeligen Köpfen, purpurviolett bis fliederrosa von Juli bis August, Laub blassgrün

Standort: sonnig, durchlässig

Verwendung: Bienenweide, Steppengarten, Blüten halten auch lange in der Vase

Gemeines Katzenpfötchen

Antennaria dioica

Herkunft: Eurasien

Aussehen: polsterbildend, 5 bis 15 cm hoch und 30 cm breit, Blüten rosa von Mai bis Juni, Laub grau- bis silbergrün

Standort: sonnig, Nährstoffbedarf sehr gering

Verwendung: durch oberirdische, beblätterte Ausläufer dichte Teppiche bildend, Stängel seidig behaart, Blätter unterseits hübsch silberweißfilzig

Färber-Kamille

Färber-Kamille, Färber-Hundskamille

Anthemis tinctoria

Herkunft: Süd- und Mitteleuropa, Westasien

Aussehen: aufrecht buschig, 40 bis 80 cm hoch und 30 bis 60 cm breit, Blüten goldgelb von Juli bis September, Laub graugrün bis gräulich

Standort: sonnig, Nährstoffbedarf gering

Verwendung: für Steppengärten, Staudenbeete

Junkerlilie

Asphodeline lutea

Herkunft: Südeuropa, Mittelmeerraum, Nordspanien, Pyrenäen

Aussehen: straff aufrecht, 0,7 bis 1,2 m hoch und 30 cm breit, Blüten gelb von Mai bis Juni, Laub blaugrün

Standort: vollsonnig, hoher Nährstoffbedarf

Verwendung: robuste, ausdauernde Zwiebelpflanze, die sofort einen südländischen Charakter in den Garten zaubert

Junkerlilie

Blaukissen

Blaukissen

Aubrieta-Cultivars

Herkunft: gärtnerische Züchtung, usprünglich aus dem Mittelmeergebiet

Aussehen: flach polsterbildend, 8 bis 12 cm hoch und 50 cm breit, Blüten je nach Sorte rosa bis blauviolett, von April bis Mai, Laub grau- bis blassgrün

Standort: sonnig, durchlässig

Verwendung: Klassiker im Steingarten und an Trockenmauern, zur Beeteinfassung, Bienenweide

Großblumiges Mädchenauge

Coreopsis grandiflora

Herkunft: Nordamerika

Aussehen: aufrecht buschig, horstbildend, 50 bis 80 cm hoch und 50 cm breit, Blüten ungefüllt, gelb, von Juni bis August, Laub frisch- bis mittelgrün

Standort: sonnig, durchlässiger Boden

Verwendung: sonnige Beete am Haus oder vor Mauern, Bienenweide, braucht eine Stütze, nur vegetative Vermehrung möglich, andere Arten sind zum Beispiel das rotgelbe Lanzettblättrige Mädchenauge

Großblumiges Mädchenauge

▲ Roter Sonnenhut   ▼ Griechische Kugeldistel

Steppenkerze

Hoher Garten-Rittersporn
Delphinium × cultorum
Herkunft: gärtnerische Züchtung
Aussehen: straff aufrecht, horstbildend,
1,50 bis 1,80 m hoch und 60 bis 80 cm breit,
Blüten je nach Sorte einfach oder gefüllt,
blau, violett oder weiß von Juli bis August,
Laub frisch- bis dunkelgrün
Standort: sonnig, durchlässig, nahrhaft
Verwendung: Klassiker, der in keinem Stau-
denbeet fehlen darf, Bienenweide, passt gut
zu Rosen und hohen gelben Stauden

Roter Sonnenhut
Echinacea purpurea
Herkunft: Nordamerika
Aussehen: straff aufrecht, horstbildend,
0,8 bis 1 m hoch und 60 cm breit, Blüten
weinrot mit dunkler Mitte, es gibt auch
weiße Sorten, von Juli bis September, Laub
dunkelgrün
Standort: sonnig, durchlässig, nahrhaft
Verwendung: bringt Farbtupfer in jedes
Staudenbeet und sieht vor silbrig belaubten
Gehölzen toll aus

Griechische Kugeldistel
Echinops ritro
Herkunft: Italien, Ost- und Südeuropa,
Russland
Aussehen: aufrecht buschig, horstbildend,
0,8 bis 1 m hoch und 50 bis 60 cm breit,
Blüten violettblau von Juli bis September,

Gold-Wolfsmilch

Laub graugrün, Stängel und Blätterunterseite weißwollig
Standort: sonnig, durchlässig, verträgt keine Staunässe
Verwendung: trockene Staudenbeete, Steppengarten, auch schön als Schnittblume

Steppenkerze

Eremurus-Cultivars
Herkunft: gärtnerische Züchtung
Aussehen: straff aufrecht, horstbildend, 0,8 bis 2 m hoch und 70 bis 90 cm breit, Blüten weiß, gelb, orange, rosa, bronze – je nach Sorte, blüht von Juni bis Juli, Laub bläulichbis mittelgrün
Standort: sonnig, durchlässig, nahrhaft
Verwendung: für Steppengarten, auch schön in Kombination mit Rosen oder Stauden, einzeln oder in kleinen Gruppen

Mittelmeer-Wolfsmilch

Euphorbia characias ssp. *wulfenii*
Herkunft: Mittelmeerraum
Aussehen: 80 bis 100 cm hoch, aufrechter Wuchs, dunkelgrüne Blätter, Hochblätter mit wolkigem Blütenstand, Blüte gelb von Juni bis Juli
Standort: sonnig, geschützt
Verwendung: als auffällige Solitärstaude im Beet, Winterschutz empfehlenswert

Walzen-Wolfsmilch

Euphorbia myrsinites
Herkunft: Mittelmeergebiet
Aussehen: 20 cm hoch, nieder liegende, walzenförmige, graulaubige Stängel, wintergrün, im Mai bis Juni gelbgrüne Blüten
Standort: sonnig, keine Staunässe
Verwendung: im Steingarten, in Töpfen, am Beetrand, dekorative Mittelmeerstaude

Gold-Wolfsmilch, Bunte Wolfsmilch, Vielfarbige Wolfsmilch

Euphorbia polychroma
Herkunft: Südosteuropa
Aussehen: rundlich buschig bis halbkugelig, horstbildend, 30 bis 40 cm hoch und 40 bis 50 cm breit, Blüten grünlich gelb, goldgelbe Hochblätter, blüht von Mai bis Juni, Laub mittel- bis dunkelgrün, im Herbst gelb und rot
Standort: sonnig, durchlässig, trocken
Verwendung: sehr schöne Wildstaude für Einzel- oder Gruppenpflanzungen, Bienen und Hummelweide

Kokardenblume

Gaillardia-Cultivars
Herkunft: Nord- und Südamerika
Aussehen: aufrecht buschig, horstbildend, 30 bis 70 cm hoch und 40 bis 50 cm breit, Blüten je nach Sorte leuchtend gelb, orange, rot von Juli bis September, Laub blass- bis graugrün
Standort: sonnig, durchlässig, nahrhaft
Verwendung: recht kurzlebige, aber dafür umso schönere Staude mit strahlenden, zweifarbigen Blüten

Kokardenblume

Pracht-Storchschnabel

Prachtkerze

Gaura lindheimeri
Herkunft: Nordamerika
Aussehen: lockerer Wuchs, filigran, bis 1,5 m hoch, weiß bis rosafarbene Rispenblüte von Juni bis September
Standort: sonnig bis halbschattig, durchlässige Erde
Verwendung: als lockere Pflanze zwischen anderen Stauden, passt auch gut in Töpfe und Blumenkästen, eine Trend-Pflanze für den Garten

Prachtstorchschnabel

Geranium × magnificum
Herkunft: gärtnerische Züchtung
Aussehen: aufrecht buschig, horstbildend, 40 bis 60 cm hoch und bis 60 cm breit, Blüten blauviolett von Juni bis Juli, Laub mittelgrün

Standort: sonnig bis halbschattig, humos
Verwendung: starkwüchsige Staude mit großen Blüten und schöner Herbstfärbung

Sonnenbraut

Helenium-Sorten
Herkunft: gärtnerische Züchtung
Aussehen: aufrecht, horstbildend, 0,9 bis 1,2 m hoch und 50 bis 60 cm breit, Blüten in gelben, orangen, roten und kupferroten Töne von Juni bis September, Laub mittelgrün
Standort: sonnig, durchlässig
Verwendung: sonnige Beete an Gebäuden

Sonnenröschen

Helianthemum-Cultivars
Herkunft: gärtnerische Züchtung

Sonnenbraut

Taglilie

Aussehen: kompakt buschig, horstbildend, 15 bis 25 cm hoch, manche Sorten auch höher, 30 bis 40 cm breit, Blüten in Gelb, Rosa, Rot bis Braun und Weiß von Mai bis Juli, Laub silbrig grau bis dunkelgrün

Standort: sonnig, durchlässig

Verwendung: lockere Polsterstaude mit typischem, südländischen Flair, Rückschnitt nach der Hauptblüte

Sonnenauge

Heliopsis helianthoides var. *scabra*

Herkunft: Nordamerika

Aussehen: aufrecht buschig, horstbildend, 0,6 bis 1,5 m hoch und 50 bis 60 cm breit, Blüten gefüllt oder ungefüllt, gelb bis orange, von Juli bis September, Laub dunkelgrün

Standort: sonnig

Verwendung: gelbe Farbtupfer, die an trüben Tagen sonnige Stimmung bringen

Taglilie

Hemerocallis-Cultivars

Herkunft: gärtnerische Züchtung

Aussehen: breit buschig bis überhängend, horstbildend, 50 bis 60 cm hoch und 50 cm breit, viele Farbvariationen in Gelb, Orange, Rosa und Rot bis Braun von Juni bis September, Laub mittel- bis dunkelgrün

Standort: sonnig, durchlässig, warm und geschützt

Verwendung: sonnige Beete, Blüten halten nur einen Tag, werden aber kontinuierlich gebildet

Fackellilie

Kniphofia-Sorten

Herkunft: Südafrika

Aussehen: straff aufrecht, horstbildend, bis 1 m hoch und 50 bis 60 cm breit, Blüten creme, gelb, orange, rot – je nach Sorte, blüht von Juli bis September, Laub hell- bis bläulich grün

Standort: sonnig, warm und geschützt, brauchen Winterschutz

Verwendung: die Blüten erinnern an die der Aloe und bringen so südländisches Flair in den Garten

Fackellilie

Schopf-Lavendel

Lavandula stoechas

Herkunft: Mittelmeergebiet

Aussehen: aufrecht buschig, bis 60 cm hoch und 20 bis 30 cm breit, Blüten dunkel purpurrot, rosa oder weiß von Juli bis Oktober, Laub graugrün

Standort: sonnig, durchlässig, geschützt

Verwendung: wunderschöne Lavendelart, die in milden Regionen winterhart ist

Prachtscharte

Liatris spicata

Herkunft: Nordamerika

Aussehen: straff aufrecht, horstbildend, 0,6 bis 1,2 m hoch und 40 bis 60 cm breit, Blüten purpurviolett, auch weiß, blühen von

Prachtscharte

oben nach unten auf, von Juli bis September, Laub leuchtend grün

Standort: sonnig, nahrhaft

Verwendung: leuchtende Blütenkerzen, die im Staudenbeet oder vor silberlaubigen Gehölzen gut zur Geltung kommen

Garten-Lilien

Lilium-Cultivars

Herkunft: gärtnerische Züchtung

Aussehen: aufrecht, verschieden, je nach Sorte, ungefähr von 0,45 bis 1,5 m hoch und unterschiedlich breit, Blüten in fast allen Farben, auch mehrfarbig oder mit Punkten und Streifen von Juli bis September, Laub dunkel- bis mittelgrün

Standort: sonnig, durchlässig, geschützt

Verwendung: Schnittblume, im Staudenbeet, bei einigen Sorten duften die Blüten

Gold-Flachs, Gelber Lein

Linum flavum

Herkunft: Ost- und Südeuropa

Schopf-Lavendel

Aussehen: aufrecht buschig, 30 bis 50 cm hoch und 20 cm breit, Blüten gelb von Juni bis August, Laub dunkelgrün
Standort: sonnig, durchlässig, warm
Verwendung: staudig bis halbstrauchiger Mittelmeeranrainer mit sonnigem Flair

Federmohn
Macleaya cordata
Herkunft: Süd- und Westeuropa, Nord-afrika
Aussehen: locker aufrecht bis überneigend, horstbildend, schnell wachsend, 2 bis 3 m hoch und 1 bis 1,5 m breit, Blüten gelblich weiß, rosa von Juli bis August, Laub blau- bis olivgrün
Standort: sonnig bis halbschattig, nahrhaft
Verwendung: dekorative Riesenstaude, kann wuchern, mit Wurzelsperre pflanzen, Blätter erinnern an die des Feigenbaums

Federmohn

Lilie

Moschus-Malve

Nachtkerze

Moschus-Malve

Malva moschata
Herkunft: Europa
Aussehen: aufrecht buschig, 60 bis 80 cm
hoch und 50 bis 60 cm breit, Blüten rosa von
Juni bis September, Laub mittelgrün
Standort: sonnig, durchlässig, nahrhaft
Verwendung: verbreiten nicht nur in hei-
mischen Wiesen und am Wegesrand medi-
terranes Flair

Katzenminze

Nepeta × faassenii
Herkunft: gärtnerische Züchtung
Aussehen: kompakt buschig, horstbildend,
25 bis 35 cm hoch und 20 bis 30 cm breit,
Blüten violettblau, weiß von Juni bis Sep-
tember, Laub silbrig- bis graugrün
Standort: sonnig, trocken bis frisch
Verwendung: anspruchsloser, unermüd-
licher Sommerblüher, Rosenbegleiter, wird
von Katzen geliebt

Nachtkerze

Oenothera fruticosa
Herkunft: östliches Nordamerika
Aussehen: aufrecht, horstbildend, 30 bis
80 cm hoch und 30 bis 40 cm breit, Blüten
gelb von Mai bis Juni, Laub mittel- bis dunkelgrün
Standort: sonnig, trocken
Verwendung: leuchtend gelbe Blüten bringen Farbe ins Stauden- oder Sommerblumenbeet

Pfingstrose, Edel-Päonie

Paeonia-Lactiflora-Cultivars
Herkunft: China, Korea, Mandschurei,
Ostsibirien, Tibet, gärtnerische Züchtung
Aussehen: aufrecht buschig, horstbildend,
0,5 bis 1 m hoch und 50 bis 70 cm breit, Blü-
ten gefüllt oder einfach, viele Farbtöne in
Weiß, Gelb, Rosa, Rot, auch mehrfarbig, von
Mai bis Juni, Laub dunkelgrün, unterseits
blassgrün
Standort: sonnig, nahrhaft, frisch bis feucht
Verwendung: Staudenbeete, die großen
Blütenkelche oder -bälle sind absolute Hin-
gucker, die Wilde oder Bauern-Pfingstrose
(Paeonia officinalis) wächst heute noch wild
im Mittelmeergebiet an trockenen Wald-
und Gebüschrändern

Katzenminze

Orientalischer Mohn

Pfingstrose

Orientalischer Mohn, Türkischer Mohn

Papaver orientale

Herkunft: Orient

Aussehen: aufrecht buschig, 60 bis 80 cm hoch und 60 bis 90 cm breit, Blüten leuchtend rot, es gibt auch Sorten in anderen Blütenfarben, zum Beispiel orangefarbene, rosa und weiße, blüht von Mai bis Juni, Laub mittel- bis dunkelgrün, schnell verwelkend

Standort: sonnig, nährstoffreich, durchlässig, nicht zu feucht

Verwendung: sonnige Staudenbeete, durch die zarten Blüten ein schöner Kontrast zu kleinblütigen Stauden, wirkt am besten im Hintergrund, dort bleiben auch die verwelkten Blätter der Grundrosette versteckt und stören nicht den Gesamteindruck

Polster-Phlox

Kleines Seifenkraut, Rotes Seifenkraut
Saponaria ocymoides
Herkunft: Alpen, Balkan, Süd- und West-europa
Aussehen: niederliegend bis kissenförmig, horstbildend, 10 bis 20 cm hoch und 30 bis 40 cm breit, Blüten karminrosa von Mai bis September, Laub hellgrün
Standort: sonnig
Verwendung: Trockenmauern, im Vorder-grund von Staudenbeeten, auch für Kübel

Garten-Skabiose, Krätzkraut
Scabiosa caucasica
Herkunft: Kaukasus, Nordiran, Nordost-türkei
Aussehen: aufrecht, horstbildend, 40 bis

Polster-Phlox
Phlox subulata
Herkunft: Nordamerika
Aussehen: flach polsterbildend, schnell wachsend, 5 bis 15 cm hoch und 30 cm oder mehr breit, Blüten rosa von April bis Mai, Laub hellgrün
Standort: sonnig, durchlässig
Verwendung: bringt eine ungeheure Blütenfülle, auch für Kästen und Tröge

Prächtiger Sonnenhut
Rudbeckia fulgida
Herkunft: gärtnerische Züchtung
Aussehen: aufrecht buschig, horstbildend, 50 bis 60 cm hoch und bis 40 cm breit, Blüten goldgelb von August bis Oktober, Laub dunkelgrün
Standort: sonnig
Verwendung: Bienenweide, Pracht-staudenbeete

Prächtiger Sonnenhut

▶ Woll-Ziest

60 cm hoch und genauso breit, Blüten violettblau bis lavendelblau oder weiß von Juli bis September, Laub blass- bis graugrün
Standort: sonnig, durchlässig
Verwendung: die reine Art ist selten in Kultur, aber viele der attraktivne Sorten, die zarte, lila Farbkleckse ins Stauden- oder Sommerblumenbeet bringen

Woll-Ziest

Stachys byzantina
Herkunft: Kaukasus, Iran
Aussehen: nieder liegend bis kriechend, 30 bis 40 cm hoch und 40 bis 60 cm breit, Blüten rosa bis rosapurpur von Juli bis August, Laub silbergrau, weich behaart
Standort: sonnig
Verwendung: Klassiker unter den silberblättrigen Pflanzen, die im Garten an südliche Gefilde erinnern

Kleines Seifenkraut

Garten-Skabiose

Sommerblumen

Orient-Stockrose, Chinesische Stockrose

Alcea-rosea-Cultivars

Herkunft: Orient

Aussehen: straff aufrecht, 2 bis 2,5 m hoch und 60 bis 80 cm breit, Blüten einfach bis gefüllt, Farbvariationen in Gelb, Rosa, Rot, Purpur, fast Schwarz und Weiß von Juli bis September, Laub mattgrün

Standort: sonnig, durchlässig, aber nahrhaft

Verwendung: zweijährig bis staudig, samenvermehrbar, für Töpfe und Blumenbeete, Bienenweide

Dukatenblume

Asteriscus maritimus

Herkunft: Südeuropa, Nordafrika

Aussehen: kompakt buschig, 15 bis 20 cm hoch und bis 40 cm breit, goldgelbe Strahlenblüten von Mai bis Oktober, Laub mittelgrün

Standort: sonnig, nahrhaft

Verwendung: hübsche Begleitpflanze im Sommerblumenbeet mit langer Blütezeit

Goldmarie, Zweizahn, Goldzweizahn

Bidens ferulifolia

Herkunft: südliche USA, Mexiko

Aussehen: aufrecht buschig bis überhängend, stark wachsend, 30 bis 45 cm hoch und 50 bis 60 cm breit, Blüten goldgelb von Mai bis Oktober, Laub frischgrün

Standort: sonnig

Verwendung: Blumenampeln, Hanging Baskets an der Terrasse, passen in beinahe jeden Balkonkasten

Zweizahn

Stockrose

Dukatenblume, Goldtaler

Blaues Gänseblümchen

Schmuckkörbchen

Blaues Gänseblümchen, Australisches Gänseblümchen

Brachyscome multifida

Herkunft: Südostaustralien

Aussehen: kompakt buschig, breit wachsend, schwach wachsend, 30 bis 40 cm hoch und 20 bis 30 cm breit, Blüten margeritenähnlich, blauviolett, hellblau, weiß, rosa, auch gelb von Mai bis Oktober, Laub leuchtend grün

Standort: sonnig

Verwendung: Begleitpflanze im Blumenbeet oder Balkonkasten, für Ampeln

Blaue Mauritius

Convoluulus sabatius

Herkunft: Italien

Aussehen: einjährig, nur 15 bis 25 cm hoch, aber lange hängende Triebe, hellblaue bis hellviolette Blüten von Juni bis Oktober, Blüten bei schlechtem Wetter geschlossen

Standort: sonnig, keine Staunässe

Verwendung: als Ampelpflanze, als Begleitung von Hochstämmen, kann auch im Haus bei 5 bis 10 °C überwintert werden

Kosmee, Schmuckkörbchen

Cosmos bipinnatus

Herkunft: Mexiko

Aussehen: aufrecht, stark verzweigt, 0,8 bis 1,5 m hoch und 50 cm breit, Blüten Farbvariationen in Karminrot, Rosa, Weiß, gelbe Mitte von Mai bis August, Laub grün

Standort: sonnig

Verwendung: der Klassiker schlechthin unter den Sommerblumen mit mediterranem Flair, für bunte Beete, Balkonkästen oder Kübel

Kapringelblume, Kapkörbchen

Kapkörbchen

Dimorphotheca-Cultivars (Bild Seite 89)
Herkunft: Südafrika
Aussehen: aufrecht, 25 bis 30 cm hoch und genauso breit, unendlich viele Farbvariationen in Gelb, Orange, Rosa oder Weiß von Juli bis September, Laub mittelgrün
Standort: sonnig, durchlässig
Verwendung: Balkonkästen, Kübel, sonnige Beete

Gelbe Strauchmargerite

Euryops chrysanthemoides
Herkunft: Südafrika
Aussehen: aufrecht buschig, 30 bis 60 cm hoch und genauso breit, Blüten goldgelb von Mai bis Oktober, Laub mittelgrün
Standort: sonnig
Verwendung: Star im Sommerblumenbeet oder südländischem Balkonkasten

Kapaster, Felicie

Felicia amelloides
Herkunft: Südafrika
Aussehen: rundlich buschig, 30 bis 50 cm hoch und 30 bis 70 cm breit, Blüten blau oder weiß mit gelber Mitte, blüht von Mai bis Oktober, Laub dunkel- bis tiefgrün, es gibt auch Sorten mit weiß-grün panaschiertem Laub
Standort: sonnig, durchlässig
Verwendung: bunte Blumenbeete, lockt Bienen und andere Insekten an, blüht ungeheuer lange

Gazanie, Mittagsgold

Gazania-Cultivars in vielen Sorten
Herkunft: Südafrika
Aussehen: flach wachsend bis aufrecht buschig, 20 bis 25 cm hoch und 30 bis 50 cm breit, Blüten leuchtend orange, weiß, rosa,

Kapaster, Felicie

Gelbe Strauchmargerite

Gazanie, Mittagsgold

Gnaphalium

Lakritz-Strohblume

Helichrysum petiolare
Herkunft: Südafrika
Aussehen: ausladend bis niederliegend oder hängend, 30 bis 50 cm hoch und 60 bis 90 cm breit, Blüten weiß von August bis September, Laub silbrig, gelb-grün panaschiert, stark- und schwachwüchsige Sorten
Standort: sonnig bis halbschattig
Verwendung: das silbrige Laub kommt in Ampeln und als Unterpflanzung von Balkonkästen besonders gut zur Geltung

Vanilleblume

Heliotropium arborescens
Herkunft: Südamerika, Peru
Aussehen: aufrecht bis kompakt buschig, 30 bis 120 cm hoch und 30 bis 50 cm breit, Blüten violettblau, lavendelblau bis tief dunkelblau, blüht von Mai bis September, Laub dunkelgrün, teils purpurn überlaufen
Standort: sonnig bis halbschattig, nahrhaft
Verwendung: kann als Sommerblume oder Kübelpflanze gezogen werden, intensiver Duft

auch zweifarbig, bronzefarben, rot von Mai bis Oktober, Laub dunkelgrün, auch silbrig weiß
Standort: sonnig, durchlässig
Verwendung: mediterraner Klassiker, dessen Sonnenblüten eine ungeheure Leuchtkraft in bunten Blumenbeeten, Balkonkästen und -trögen entfalten, in Trockenmauern breiten sie sich auch gerne in sonnigen Fugen aus

Vanilleblume

Bechermalve

Bechermalve, Strauchpappel, Malve

Lavatera trimestris

Herkunft: Mittelmeerraum

Aussehen: aufrecht buschig, 60 bis 120 cm hoch und 40 bis 60 cm breit, Blüten rosa, dunkelrot bis weiß, blüht von Juli bis September, Laub mittel- bis dunkelgrün

Standort: sonnig, durchlässig feucht

Verwendung: für bunte Blumenbeete

Stehende Pelargonie

Pelargonie, Stehende Pelargonie

Pelargonium zonale

Herkunft: ursprünglich Südafrika, die neuen Sorten aus gärtnerischer Züchtung

Aussehen: aufrecht buschig, 30 bis 40 cm hoch und 30 bis 50 cm breit, Farbvariationen in Purpur, Rosa, Rot, Violett, Weiß, auch zweifarbig, blühen von Mai bis Oktober, Laub mittelgrün oder dunkelgrün

Standort: sonnig, nährstoffreich, gleichmäßig feucht

Verwendung: Balkonklassiker, von dem es viele neuen Sorten gibt, die auch im Blumenbeet toll aussehen, auch buntblättrige Sorten fügen sich in mediterrane Sommerblumenbeete ein

Petunie

Petunia-Cultivars

Herkunft: ursprünglich aus Südamerika, gärtnerische Züchtung

Aussehen: aufrecht, 20 bis 30 cm hoch, manche Sorten auch hängend bis 1,50 m lang, je nach Sorte Blüten in Weiß, Gelb, Rosa, Rosa, Violett, auch zweifarbig, Blütezeit von Mai bis Oktober, Laub hell- bis mittelgrün

Standort: sonnig, wind- und regengeschützt, nahrhafte Blumenerde, nicht austrocknen lassen

Verwendung: in Töpfen und Kästen, bringen Farbe in den Topfgarten, für Blumenampeln und Hanging Baskets, viel Dünger geben, auf Blattläuse achten

Portulak

Portulaca oleracea

Herkunft: Südamerika, Uruguay, Brasilien, Argentinien

Aussehen: niederliegend, 10 bis 40 cm hoch und 0,15 bis 20 cm breit, Blüten gelb, blüht von Juli bis August, Laub glänzend hellgrün

Standort: sonnig, durchlässig, auch trockener

Verwendung: sonnige Balkonkästen, im Steingarten oder an Trockenmauern

Königskerze

Verbascum-Cultivars

Herkunft: Mittel- und Südeuropa

Aussehen: aufrecht, horstbildend, bis 1,8 m hoch und 30 bis 40 cm breit, Blüten in weißen und gelben Farbtönen von Juni bis August, Laub graugrün

Standort: sonnig, steinig, beste Drainage

Verwendung: Gruppen- oder Einzelstellung in sonnigen Blumenbeeten oder vor Gehölzpflanzungen

Verbene, Eisenkraut

Verbena-Cultivars

Herkunft: gärtnerische Züchtung

Aussehen: niederliegend bis kriechend oder überhängend, 20 bis 40 cm hoch und 30 bis 40 cm breit, Farbvariationen in Rosa, Rot, Violett und Weiß, auch zweifarbig, blüht von Mai bis Oktober, Laub matt- bis graugrün

Standort: sonnig, durchlässig, nährstoffreich

Verwendung: wunderschöne Ampelpflanze oder zur Unterpflanzung von Balkonkästen oder Kübelpflanzen, auch schön auf Trockenmauern

Königskerze

Portulak

Verbene

Kräuter

Knoblauch
Allium sativum
Herkunft: Zentralasien, Mittel- und Südeuropa
Aussehen: aufrecht horstbildend, 70 bis 100 cm hoch und 20 bis 30 cm breit, Blüten rötlich weiß von Juli bis August, Laub mittelgraugrün
Standort: sonnig, durchlässig
Verwendung: Knolle als Küchengewürz mit intensivem Geschmack, die Blüten locken Bienen und andere Insekten an

Zitronenverbene

Zitronenverbene, Zitronenstrauch
Aloysia triphylla
Herkunft: Südamerika, Chile, Argentinien
Aussehen: aufrecht buschig, 1 bis 2 m hoch und 0,6 bis 2,5 m breit, Blüten blass fliederfarben bis weiß von August bis September, Laub mittelgrün
Standort: sonnig, durchlässig, gute Kübelpflanzenerde, im Winter frostfrei bei 3 bis 5 °C
Verwendung: fein geschnittene Blätter als Zutat für Süßspeisen und zur Aromatisierung von kalten oder warmen Getränken, Gebäck und Konfitüren

Estragon
Artemisia dracunculus
Herkunft: Balkan, Nordamerika, Ost- und Südrussland, Ungarn

Ysop

Aussehen: aufrecht buschig, 60 bis 120 cm hoch und bis 80 cm breit, Blüten weißlich von Juli bis August, Laub hell- bis mittelgrün
Standort: sonnig, durchlässig
Verwendung: fein geschnittenes Kraut zu deftigen Speisen, Salaten, Soßen, Suppen, der Französiche Estragon hat fleischigere Blätter und ein viel intensiveres Aroma

Ysop, Apotheker-Ysop
Hyssopus officinalis
Herkunft: Balkan, Frankreich, Süddeutschland, Südeuropa, Spanien
Aussehen: aufrecht buschig, kompakt wachsend, 30 bis 60 cm hoch und 20 bis 40 cm breit, Blüten blauviolett bis violett von Juli bis August, Laub mittel- bis dunkelgrün
Standort: sonnig, anpassungsfähig
Verwendung: aromatisch duftendes

Küchen- und Gewürzkraut, junge Triebspitzen und Blätter ernten

Echter Lavendel

Lavandula angustifolia

Herkunft: Griechenland, westliches Mittelmeergebiet

Aussehen: aufrecht buschig wachsender Zwergstrauch, 40 bis 60 cm hoch und 30 bis 60 cm breit, Blüten violett, duftend von Juni bis August, Laub graugrün, immergrün, duftend

Standort: sonnig, durchlässig, trocken bis frisch, keine Staunässe

Verwendung: wohl der mediterrane Klassiker unter den Kräutern, beliebte für Bauern- und Kräutergärten, Duft- und Staudenbeete, Steppen-, Heide- und Steingärten, Einfassungspflanze, auch für Kübel geeignet

Zitronenmelisse

Melissa officinalis

Herkunft: Südeuropa, Mittelmeerraum, Westasien

Aussehen: aufrecht buschig, 50 bis 80 cm hoch und 30 bis 60 cm breit, Blüten weiß von Juni bis August, Laub hell- bis mittelgrün

Standort: sonnig, durchlässig, nahrhaft

Verwendung: alte Heil-, Duft- und Gewürzstaude, Blätter zum Würzen von Salaten, für Fisch, Quark, Liköre, Blätter duften stark nach Zitronen, versamt sich leicht

Basilikum, Basilienkraut

Ocimum basilicum

Herkunft: Mittelmeergebiet

Aussehen: aufrecht, 30 bis 60 cm hoch und 20 bis 60 cm breit, Blüten rosapurpur bis

Basilikum

weiß von Juli bis September, Laub hell- bis sattgrün oder rötlich

Standort: sonnig, warm (nicht unter 12 °C), geschützt

Verwendung: unverzichtbar für die italienische Küche, vor der Blüte ernten, es gibt viele Sorten

Oregano, Gewöhnlicher Dost

Origanum vulgare

Herkunft: Europa, Asien

Aussehen: buschig, horstbildend, 30 bis 60 cm hoch und genauso breit, Blüten hellviolett von Juli bis September, Laub mittel- bis dunkelgrün

Lavendel

Zitronenmelisse

Standort: sonnig, durchlässig, nicht zu nahrhaft
Verwendung: Fisch- und Fleischgerichte, klassisches Pizzagewürz, im Frühjahr bodennah zurückschneiden

Rosmarin

Rosmarinus officinalis
Herkunft: Südeuropa, Mittelmeerraum
Aussehen: aufrecht buschig, 1 bis 1,5 cm hoch und 70 bis 120 cm breit, Blüten hellviolett von Mai bis Juni, Laub dunkelgrün
Standort: sonnig, geschützt (verträgt nur wenig Frost)
Verwendung: aromatisch duftender Gewürzstrauch, Blätter zu Fleisch- und Geflügel, Grillgerichten und zum Aromatisieren von Essig und Öl, nicht während der Schwangerschaft einnehmen

Salbei, Garten-Salbei

Salvia officinalis
Herkunft: Mittelmeerraum, Nordafrika
Aussehen: aufrecht buschig, 50 bis 70 cm hoch und 40 bis 60 cm breit, Blüten blauviolett bis fliederblau von Juni bis August, Laub graugrün
Standort: sonnig, durchlässig, nahrhaft
Verwendung: Fleischgerichte, wirkt schweißhemmend, nicht während der Schwangerschaft einnehmen

Heiligenkraut, Zypressenkraut

Santolina chamaecyparissus
Herkunft: Mittelmeergebiet
Aussehen: aufrecht buschig, 40 bis 50 cm hoch und 40 bis 60 cm breit, Blüten leuchtend gelb von Juli bis August, Laub silbergrau, fein gefiedert

Salbei

Oregano

Rosmarin

Buntblättriger Salbei

Standort: sonnig, durchlässig, geschützt
Verwendung: Duftpflanze mit intensivem Aroma, nicht zum Verzehr geeignet

Zitronenthymian

Thymus × citriodorus
Herkunft: Südeuropa, Mittelmeerraum
Aussehen: aufrecht buschiger Zwergstrauch, 0,15 bis 30 cm hoch und 20 bis 30 cm breit, Blüten violett von Juni bis August, Laub mittel- bis dunkelgrün, viele Sorten auch mit weiß- oder gelb-panaschierten Blättern
Standort: sonnig, warm, trocken bis frisch
Verwendung: intensives Zitronenaroma, für Suppen, Soßen, Süßspeisen

Zitronenthymian

Echter Thymian, Garten-Thymian

Thymus vulgaris
Herkunft: Südeuropa, Mittelmeerraum
Aussehen: kompakt buschig, 20 bis 40 cm hoch und 20 bis 40 cm breit, Blüten hellrosa bis purpurrosa von Juli bis September, Laub graugrün
Standort: sonnig, warm, trocken bis frisch
Verwendung: vielfältiges Küchengewürz für Fleisch- und Gemüsegerichte, junge Triebe und Blätter ernten

Thymian

Gemüse

Paprika, Chili
Capsicum annuum
Herkunft: Amerika
Aussehen: aufrecht, buschig, 1,2 bis 1,5 m hoch und breit, Blüten weiß oder gelb von Juni bis Juli, Laub mittelgrün
Standort: sonnig, warm, mittlerer Düngebedarf
Verwendung: roh oder gekocht, die kleinen scharfen Chili auch als Gewürz, Erntezeit Juli bis September

Radicchio
Cicorium intybus var. *foliosum*
Herkunft: Europa, Asien
Aussehen: kugelig wachsendes Salatgemüse mit dunkelroten Blättern und weißen Blattrippen
Standort: sonnig, frisch, durchlässig
Verwendung: bunte Salate, angenehm bitterer Geschmack

Artischocke
Cynara scolymus
Herkunft: Mittelmeerraum
Aussehen: 1,2 bis 1,8 m hoch und breit, Blüten blaurosa von August bis September, Laub ausladend, silbrig grün
Standort: sonnig, warm, geschützt
Verwendung: Blütenknospen schälen und kochen, überbacken oder eingelegt, kann meherjährig gezogen werden

Artischocke

Chili

Radicchio

Rucola

Tomate

Rauke, Rucola

Eruca vesicaria ssp. *sativa*
Herkunft: Südeuropa
Aussehen: aufrecht, 50 bis 80 cm hoch und 20 bis 30 cm breit, Blüten cremeweiß von Mai bis Juli, Laub dunkelgrün
Standort: sonnig, warm
Verwendung: Blätter als würzige Salatbeigabe

Tomate

Lycopersicon esculentum
Herkunft: Südamerika
Aussehen: ungeschnitten mehrere Meter hoch, Blüten gelb von Mai bis Oktober, Laub dunkelgrün
Standort: sonnig, warm, geschützt
Verwendung: roh oder gekocht, als Salat, für alle Gerichte, vielseitig einsetzbar, es gibt spezielle, kompaktwachsende Sorten für Balkon- und Terrasse, Erntezeit von Juli bis Oktober

Aubergine, Eierfrucht

Solanum melongena
Herkunft: tropisches Asien
Aussehen: 1 bis 2,5 m hoch und bis 70 cm breit, Blüten lila oder violett mit gelben Staubblättern, Laub dunkelgrün
Standort: sonnig, warm, geschützt, keine Staunässe
Verwendung: für Gemüse- und Grillgerichte, Ernte von Juni bis September

Aubergine

Kübelpflanzenklassiker

Schönmalve

Abutilon × hybridum

Herkunft: ursprünglich aus Südamerika, Brasilien, gärtnerische Züchtung

Aussehen: aufrecht buschig, 1,5 bis 3 m hoch und 1,2 bis 2 m breit, Blüten becherförmig, gelb, orange, rosa, rot, weiß von Mai bis September, Laub mittel- bis dunkelgrün

Standort: sonnig, warm

Verwendung: Kübelpflanze mit prächtigen Blüten

Überwinterung: bei 10 °C an einem hellen Standort

Schmucklilie

Agapanthus-Cultivars

Herkunft: ursprünglich aus Südafrika

Aussehen: aufrecht, horstbildend, 45 bis 60 cm hoch und 50 bis 70 cm breit, Blüten trompetenförmig, blau oder weiß, blüht von Juni bis August, Laub sattgrün

Standort: sonnig, warm, keine Staunässe

Verwendung: Kübelpflanze mit dekorativer Wirkung, selten Umtopfen

Überwinterung: hell, bei mindestens 3 °C, bei manchen Arten und bei dunklem Stand ziehen die Blätter ein

Seidenbaum

Albizia julibrissin

Herkunft: Asien, Iran bis Japan

Aussehen: ausladend strauchförmig bis rundlich baumförmig, 5 bis 6 m hoch und 3 bis 6 m breit, im Kübel aber kleiner, Blüten hellrosa von Juni bis September, Laub grün, fein gefiedert

Standort: sonnig, warm, geschützt

Verwendung: Kübelpflanze, in milden Gegenden auch im Freien

Überwinterung: als Kübelpflanze bei 10 °C an einem hellen Standort

Schönmalve

Schmucklilie, blaue Sorte

Schmucklilie, weiße Sorte

Erdbeerbaum

Erdbeerbaum

Arbutus unedo

Herkunft: Südosteuropa, Türkei, Libyen

Aussehen: ausladend strauchförmig bis rundlich wachsender Kleinbaum, 3 bis 8 m hoch und genauso breit, im Kübel bis 2 m, Blüten glockenförmig, weiß bis rosa von Oktober bis Dezember, am Heimatstandort (Südeuropa) ab Juli, Laub mittelgrün

Standort: halbschattig, geschützt

Verwendung: immergrüne Kübelpflanze mit attraktiv glänzenden Blättern und rötlicher Rinde, Früchte reifen erst im zweiten Jahr aus

Überwinterung: bedingt frosthart, aber besser im Kübel hell bei 5 bis 10 °C im Haus überwintern

Aukube

Aucuba japonica

Herkunft: Japan

Aussehen: straff aufrecht bis ausladend wachsender Strauch mit dicken Trieben, giftig, 2 bis 2,5 m hoch und 2 m breit, Blüten rotpurpur, unauffällig von März bis Mai, Laub glänzend dunkelgrün, auch weiß und gelbbunt gesprenkelt, immergrün

Standort: halbschattig, hell, sandig-humos, nicht zu nährstoffhaltig

Verwendung: Blattschmuckgehölz für Gruppen- und Heckenpflanzung, auch als Kübelpflanze

Überwinterung: bedingt frosthart, mäßig winterhart, als Kübelpflanze Überwinterung bei 5 °C in hellen Räumen

Aukube

Bougainvillee

Trompetenblume

Bougainvillee

Bougainvillea-Cultivars
Herkunft: Südamerika
Aussehen: klimmender Strauch mit sparrigen, bedornten Zweigen, 1,5 bis 3 m hoch und 1,5 bis 2 m breit, Blüten mit weißen, magentaroten, purpurvioletten oder gelben, sehr auffälligen Hochblättern, von Juli bis September, Laub mittel- bis dunkelgrün
Standort: sonnig, warm, hoher Wasserbedarf während der Blütezeit
Verwendung: Kübelpflanze für Spaliere, als Hochstämmchen
Überwinterung: bei 5 bis 15 °C an einem hellen Standort, trocken halten, ansonsten kann die Pflanze eingehen

Engelstrompete, Stechapfel

Brugmansia-Cultivars
Herkunft: südliche USA bis Südamerika
Aussehen: aufrecht strauchförmig, 1,5 bis 4 m hoch und 1 bis 2,5 m breit, Blüten duftend, trompetenförmig, weiß, gelb, rosa, lila, von Juni bis September, Laub hell- bis mittelgrün
Standort: sonnig, warm
Verwendung: Einzelstellung, damit die auffälligen, großen Blüten besonders gut zur Geltung kommen, früher auch unter dem Namen *Datura* bekannt, Vorsicht: die ganze Pflanze ist giftig
Überwinterung: bei mindestens 5 bis 7 °C an einem hellen Standort

Japanische Kamelie

Camellia japonica
Herkunft: Japan
Aussehen: breit bis ausladend wachsender Strauch, 1,5 bis 3 m hoch und bis 2 m breit, Blüten einfach oder gefüllt, rot bis rosarot, weiß, gesprenkelt, gepunktet, duftend von März bis April, Laub glänzend dunkelgrün
Standort: halbschattig, Substrat schwach sauer, humos, verträgt keinen Kalk
Verwendung: wunderschönes Blütengehölz für einen Einzelstand oder in Gruppen, Kübel, es gibt auch Sorten, die mit Winterschutz fürs Freiland geeignet sind
Überwinterung: mäßig winterhart, im Kübel bei 10 °C an einem hellen Standort

Japanische Kamelie

Kerzenstrauch

Blumenrohr

Canna-indica-Cultivars

Herkunft: Südamerika

Aussehen: aufrecht, horstbildend, schnell wachsend, 1,2 bis 2,2 m hoch und 50 bis 70 cm breit, Blüten gelb, zartorange, leuchtend rot, dunkelrot, auch zweifarbig, von Juni bis Oktober, Laub dunkelgrün, es gibt auch rotlaubige oder buntblättrige Sorten

Standort: sonnig, warm, windgeschützt

Verwendung: Solitärstaude, in Rasenflächen, vor Gehölzpflanzungen, im Kübel

Überwinterung: frostempfindlich, Wurzelstöcke frostfrei überwintern, ausgegrabene Rhizome bei 15 °C mit anhaftender Erde überwintern

Kerzenstrauch

Cassia didymobotrya (syn. *Senna didymobotria*)

Herkunft: Südamerika, Argentinien, Uruguay

Aussehen: breit strauchförmig bis ausladend, 1,5 bis 4 m hoch und 1,5 bis 3 m breit, Blüten besonders großblütig, goldgelb von Mai bis September, Laub mittel- bis dunkelgrün

Standort: sonnig, warm

Verwendung: pflegeleichte und langblühende Kübelpflanze, es gibt mehrere Arten, die sich alle gut im Kübel auf der Terrasse präsentieren

Überwinterung: bei 5 bis 10 °C an einem hellen Standort, nur mäßig gießen

Blumenrohr

Hammerstrauch

Cestrum elegans

Herkunft: Mittel- und Südamerika, Mexiko

Aussehen: strauchartig, aufrecht bis bogig überneigend, 1,5 bis 3 m hoch und 1 bis 3 m breit, Blüten dicht zusammenstehende Röhrenblüten, karmin bis purpurrot, von Juli bis September, Laub matt- bis mittelgrün

Standort: sonnig bis halbschattig

Verwendung: Kübelpflanze

Überwinterung: hell, bei 5 bis 7 °C

Orangenblume

Choisya ternata

Herkunft: Mexiko

Aussehen: kompakt und rundlich wachsender Strauch mit dichten Trieben, 1,5 bis 2 m hoch und bis 2 m breit, Blüten weiß in Büscheln am Triebende, duftend, blüht schon

Orangenblume

Hammerstrauch

ab Februar und dann für 4 Wochen, oft Nachblüte im Herbst, Laub glänzend dunkelgrün oder weiß-grün panaschiert, es gibt auch eine Sorte, die im Austrieb gelbgrün ist, immergrün

Standort: halbsonnig (Schutz vor direkter Mittagssonne), durchlässig, feucht bis frisch, schwach sauer

Verwendung: hübsches Blüten- und Duftgehölz für Terrassen und Sitzplätze

Überwinterung: etwas frostempfindlich, nicht überall winterhart, wird als Kübelpflanze frostfrei überwintert, bei mindestens 3 °C an einem hellem Standort

Keulenlilie

Cordyline australis

Herkunft: Neuseeland

Aussehen: aufrecht baumförmig, palmenartige Krone, 3 bis 10 m hoch und 1 bis 4 m breit, Blüten cremeweiß von Juli bis August,

Keulenlilie

einfach oder gefüllt, auch mehrfarbig, von Mai bis September, Laub bis mittelgrün
Standort: sonnig bis halbschattig
Verwendung: Kübel, Balkonkästen, Ampeln
Überwinterung: hell, bei mindestens 3 °C

Gardenie

Gardenia augusta
Herkunft: Asien, China, Taiwan
Aussehen: strauchförmig, bis 1,5 m hoch und 1,5 m breit, Blüten weiß bis cremeweiß von Juni bis Oktober, Laub tiefgrün
Standort: halbschattig, jedoch hell
Verwendung: Kübelpflanzenklassiker für halbschattige Standorte, betörender Blütenduft
Überwinterung: bei mindestens 10 bis 13 °C an einem hellen Standort

Laub rötlich oder grün, manche Sorten mit gelben Längsstreifen
Standort: sonnig, geschützt
Verwendung: als Kübelpflanze oder mit aufwendigem Winterschutz im Freien, ähnelt einer großen Yucca
Überwinterung: frostempfindlich, nicht überall winterhart, als Kübelpflanze bei mindestens 3 °C an einem hellen Standort

Korallenstrauch

Erythrina crista-galli und andere Arten
Herkunft: Südamerika, Bolivien, Argentinien
Aussehen: locker strauchförmig, 1,5 bis 2,5 m hoch und 1 bis 1,5 m breit, Blüten leuchtend rot von Juli bis September an den Treibenden, Laub mittel- bis bläulich grün
Standort: sonnig
Verwendung: pflegeleichte Kübelpflanze, vor Regen schützen und im Früühjahr radikal zurückschneiden,
Überwinterung: Ruheperiode nach Laubabwurf, dabei ältere Pflanzen trocken halten bei 5 °C, dunkle Überwinterung möglich

Fuchsie

Fuchsia-Cultivars
Herkunft: Mittel- und Südamerika
Aussehen: strauchartig, aufrecht bis bogig überneigend, 0,3 bis 1,5 m hoch und bis 1 m breit, Blüten hängend, mit typischem Röckchen, weiß, rosa, rot, karmin bis purpurrot,

Korallenstrauch

Chinesischer Roseneibisch

Chinesischer Roseneibisch

Hibiscus-Rosa-Sinensis-Cultivars

Herkunft: Asien

Aussehen: rundlich strauchförmig bis ausladend, 1 bis 2,5 m hoch und 1,5 bis 2 m breit, Blüten trichterförmig, gelb, karminrot, orange, weiß, blüht ganzjährig (bei ausreichend Licht und Temperaturen von mindestens 15 °C), Laub dunkelgrün

Standort: sonnig, geschützt,

Verwendung: Kübelpflanzenklassiker, der auf keiner mediterranen Terrasse fehlen darf

Überwinterung: bei mindestens 10 bis 13 °C an einem hellen Standort

Kreppmyrte, Lagerstömie

Lagerstroemia indica

Herkunft: China

Aussehen: aufrecht strauch- oder baumförmig, 1 bis 3 m hoch und 1 bis 2 m breit, Blüten in vielen Farben, von Purpur, über Rot und Rosa bis Weiß, von Juli bis September, Laub dunkelgrün

Lagerströmie

Standort: sonnig, geschützt

Verwendung: Kübelpflanze mit auffälligen Blütenrispen, Bienenweide

Überwinterung: bei mindestens 3 °C an hellen und dunklen Plätzen möglich

Wandelröschen

Lantana-camara-Cultivar

Herkunft: ursprünglich Brasilien, gärtnerische Züchtung

Aussehen: aufrecht buschig bis rundlich,

Wandelröschen

0,3 bis 1,5 m hoch und 0,3 bis 1 m breit, Blüten in Weiß, Gelb, Lachsrot, Purpur, Rot von Mai bis Oktober, Laub dunkelgrün

Standort: sonnig, warm

Verwendung: Sonne liebende Balkonpflanze mit langanhaltender Blüte, starkwüchsig, als Kübelpflanze, auch als Hochstämmchen oder für Kastenbepflanzung als Begleitpflanze geeignet

Überwinterung: bei 5 bis 10 °C an einem hellen Standort, nur wenig gießen

Echter Lorbeer

Laurus nobilis

Herkunft: Mittelmeerraum

Aussehen: aufrecht buschig bis kegelförmiger Strauch oder Baum, im Kübel 1 bis 3 m hoch und bis 1,5 m breit, Blüten gelbgrün, zweihäusig von April bis Mai, Laub glänzend grün, immergrün, aromatisch duftend

Standort: sonnig bis halbschattig

Verwendung: Formschnitt, Blätter frisch oder getrocknet als Gewürz verwendbar

Überwinterung: nicht überall winterhart, im Kübel hell bei mindestens 3 °C

Enzianstrauch, Enzianblume

Lycianthes rantonnetii (syn. *Solanum rantonettii*)

Herkunft: Südamerika, Argentinien, Paraguay

Aussehen: aufrecht bis ausladender Kleinstrauch, 1 bis 2 m hoch und genauso breit, Blüten violettblau bis violett, von Juni bis September, Laub mittel- bis dunkelgrün

Standort: sonnig mit Hitzeschattierung

Verwendung: immergrüne Kübelpflanze mit überreichem Blütenflor, kräftiger Rückschnitt fördert die Blüte, viel düngen

Überwinterung: bei mindestens 5 bis 7 °C an einem hellen Standort, wenig gießen

Brautmyrte, Gemeine Myrte

Myrthus communis

Herkunft: Mittelmeerraum

Aussehen: aufrecht buschig bis leicht überhängend, 1 bis 3 m hoch und genauso breit, Blüten weiß von Juli bis September, Laub glänzend dunkelgrün, immergrün

Standort: sonnig, warm

Verwendung: Kübelpflanze, als Solitär oder in Gruppen

Überwinterung: bei 5 bis 10 °C an einem hellen Standort

Oleander

Nerium oleander

Herkunft: Mittelmeerraum

Aussehen: locker aufrecht bis ausladend, 2 bis 3,5 m hoch und 1 bis 3 m breit, Blüten einfach, es gibt auch halb gefüllt und gefüllt blühende Sorten, weiß bis scharlachrot, rosa, blassgelb, einfach und gefüllt von Juli bis September, Laub dunkel- bis graugrün

Standort: sonnig, braucht viel Wasser

Verwendung: immergrüne Kübelpflanze mit wunderschönen Blüten, Vorsicht, die gesamte Pflanze ist sehr giftig, nach dem Anfassen Hände waschen!

Überwinterung: bei 5 bis 10 °C an einem hellen, gut gelüfteten Standort, dort weniger gießen, trotzdem nie austrocknen lassen, besonders im Winter auf Schildläuse und Spinnmilben achten

Echter Lorbeer

Enzianstrauch

Oleander

Olivenbaum

Echte Olive, Ölbaum

Olea europaea
Herkunft: Südeuropa, Mittelmeergebiet
Aussehen: rundlich aufrechter Kleinbaum,
im Kübel bis 2 m hoch und genauso breit,
Blüten gelblich weiß im Mai, Laub graugrün,
unterseits silbrig grün
Standort: sonnig, nicht zu feucht
Verwendung: immergrüne Kübelpflanze,
Rückschnitt sorgt für gute Verzweigung
Überwinterung: frostempfindlich, bei
10 °C an einem hellen Standort, dort nur
leicht feucht halten und auf jeden Fall Stau-
nässe vermeiden

Bleiwurz

Plumbago auriculata
Herkunft: Südafrika
Aussehen: überhängend strauchförmig bis
klimmend, stark verzweigt, 1,5 bis 3 m hoch
und 1 bis 2 m breit, Blüten himmelblau bis
violettblau oder weiß von Juni bis September, Laub hell- bis mattgrün
Standort: sonnig, geschützt vor Wind und
Regen

Verwendung: auch als Kletterpflanze verwendbar, Rückschnitt im Januar
Überwinterung: bei mindestens 8 °C an
einem hellen Standort, dort fast trocken
halten

Granatapfel

Punica granatum
Herkunft: Südosteuropa bis Himalaja
Aussehen: aufrecht strauchförmig, dicht
verzweigt, 2 bis 3 m hoch, Blüten leuchtend
rot, auch gelbe und weiße Sorten von Juli bis
September, Laub glänzend grün, kupferrote
Blattaderung
Standort: sonnig,
Verwendung: schön als Hochstämmchen,
die Sorte 'Nana' bleibt bei einer Höhe von
nur 1 m sehr kompakt
Überwinterung: frostempfindlich, bei
mindestens 5 bis 10 °C überwintern, auch
dunkel möglich, dann Laubabwurf

Granatapfel

Bleiwurz

Weißer Schwan

Mai, Laub grau- bis bläulichgrün
Standort: sonnig bis halbschattig
Verwendung: einzeln oder in Gruppen,
auch frei ausgepflanzt im Wintergarten
Überwinterung: bei mindestens 10 bis
13 °C an einem hellen Standort

Tibouchine, Veilchenstrauch, Prinzessinnenstrauch

Tibouchina urvilleana
Herkunft: Südamerika, Brasilien
Aussehen: aufrecht strauchförmig bis
schwach ausladend, 2 bis 3 m hoch und
1,5 bis 2 m breit, Blüten violett bis purpur-
violett von Juli bis September, Laub grün
Standort: sonnig
Verwendung: aufrechte bis ausladende
Kübelpflanze mit auffallenden Blättern, bis
zu 12 cm große Einzelblüten, Verblühtes auf-
heben, da es stark färbt
Überwinterung: hell bei 10 °C

Prinzessinnenstrauch

Kartoffelwein, Weißer Schwan

Solanum jasminoides
Herkunft: Südamerika, Brasilien
Aussehen: klimmend, 2 bis 5 m hoch und
breit, Blüten weiß, von Juni bis September,
Laub dunkelgrün
Standort: sonnig mit Hitzeschattierung
Verwendung: Ampeln und Spaliere
Überwinterung: bei mindestens 5 bis 10 °C
an einem hellen Standort

Paradiesvogelblume, Papageienblüte

Strelitzia reginae
Herkunft: Südafrika
Aussehen: aufrecht buschig, horstbildend,
1,2 bis 2 m hoch und 0,8 bis 1 m breit, Blüten
purpur bis orange mit gelbem Kelch und
blauer Krone, sehr auffällig, von Februar bis

Paradiesvogelblume

Palmen und Palmfarne

Gelee-Palme

Zwergpalme
Chamaerops humilis
Herkunft: Mittelmeerraum
Aussehen: aufrecht buschige Fächerpalme mit dornigen Blattstielen, 2 bis 3 m hoch und 1 bis 2 m breit, Blüten gelb, Laub bläulich- bis graugrün
Standort: sonnig bis halbschattig
Verwendung: Kübelpflanze
Überwinterung: bei mindestens 3 °C an einem hellen Standort, im Frühjahr langsam

Zwergpalme

Japanischer Palmfarn

Gelee-Palme
Butia capitata
Herkunft: Ost- und Südbrasilien, Uruguay
Aussehen: große, langsam wachsende Fiederpalme mit grauem Stamm und lockerer Krone
Standort: sonnig, normaler Gartenboden oder gute Kübelpflanzenerde
Verwendung: eine der schönsten Kübelpalmen und in milden Gegenden auch mit Winterschutz im Freien zu kultivieren
Überwinterung: verträgt mit Winterschutz Temperaturen von −8 bis −12 °C

an die Sonne gewöhnen, kann in milden Gegenden ausgepflanzt werden, braucht im Winter vor allem Schutz vor Nässe

Japanischer Palmfarn
Cycas revoluta
Herkunft: Japan
Aussehen: aufrecht, breit-flachkronig, 1 bis 2 m hoch und genauso breit, Blüten goldbraun (an ausgewachsenen Pflanzen), Fiederblätter glänzend dunkelgrün
Standort: halbsonnig, vor praller Sonneneinstrahlung schützen

Kanarische Dattelpalme

Verwendung: kommt zwar ursprünglich aus Japan, wird aber oft in südeuropäischen Ländern im Freien kultiviert, bei uns eine attraktive Kübelpflanze, mit der man architektonische Akzente im mediterranen Garten setzen kann, wächst langsam und wird sehr alt, es gibt noch weitere empfehlenswerte Arten aus der Familie der Palmfarne, die sich als Kübelpflanze eignen
Überwinterung: bei mindestens 5 bis 15 °C an einem hellen Standort, vorsichtig gießen, da die Pflanze empfindlich auf Staunässe reagiert

Kanarische Dattelpalme
Phoenix canariensis
Herkunft: Kanarische Inseln, im Mittelmeerraum und in Nordafrika eingebürgert
Aussehen: große Fiederpalme, die in der Natur bis 15 m hoch wird, im Kübel aber selten mehr als 4 bis 5 m erreicht, Blätter dunkelgrün
Standort: sonnig
Überwinterung: hell bei 5 bis 10 °C
Verwendung: robuste Palme für Balkon und Terrasse, bedingt auch fürs Zimmer geeignet

Hanfpalme
Trachycarpus fortunei
Herkunft: Asien
Aussehen: mittelgroße Fächerpalme mit glatten Blattstielen und faserigem Stamm, im Kübel bis 3 m, ausgepflanzt bis 10 m hoch und bis 2,5 m breit, Blüten gelblich von Juni bis Juli, Laub dunkelgrün
Standort: sonnig bis halbschattig
Verwendung: einzeln oder in Gruppen, nur ausgewachsene Exemplare auspflanzen
Überwinterung: kann in milden Regionen mit Winterschutz auch ins Freiland gehalten werden, ansonsten hell und frostfrei überwintern und dann nur wenig gießen

Fächerpalme, Petticoat-Palme
Washingtonia robusta
Herkunft: Mexiko und südliche USA
Aussehen: im Kübel bis 5 m hohe Fächerpalme mit hellgrünen Blättern, die in der Jugend viele hellbraune Fäden zwischen den Fiedern haben
Standort: sonnig bis halbschattig
Verwendung: attraktive Fächerpalme für Kübel, liebt hohe Luftfeuchtigkeit
Überwinterung: hell bei 3 bis 5 °C

Hanfpalme

Zitruspflanzen

Kumquat

Zitrone

Citrus limon

Herkunft: Südostasien

Aussehen: breit strauchförmig bis ausladend, stachelig und dicht verzweigt, 2 bis 5 m hoch und 1,5 bis 4 m breit, Blüten weiß, ganzjährig, Früchte und Blüten teilweise gleichzeitig an einer Pflanze bis Laub mittelgrün

Standort: sonnig bis halbschattig, durchlässig, frisch bis feucht, leicht sauer

Verwendung: Kübelpflanze

Überwinterung: bei mindestens 5 bis 7 °C an einem hellen Standort, trocken halten

Apfelsine

Apfelsine, Orange

Citrus × aurantium

Herkunft: gärtnerische Züchtung

Aussehen: strauchartig oder kleiner Baum mit dichte, kugeliger Krone, Blüten weiß, stark duftende, erscheinen mehrmals im Jahr, Früchte groß, dickschalig, saftig, reifen spät, oft erst im Folgejahr, Laub dunkelgrün

Standort: sonnig bis halbschattig, durchlässig, frisch bis feucht, leicht sauer

Verwendung: Kübelpflanze

Überwinterung: frostempfindlich, hell bei 5 bis 7 °C, trocken halten

Persische Limette

Citrus × latifolia

Herkunft: gärtnerische Züchtung

Aussehen: strauchartig, buschig verzweigt mit weißen Blüten, die in Büscheln in den Blattachseln stehen, Früchte groß, aromatisch, fast immer ohne Samen, da die Pflanze steril ist, Reifezeit März bis Dezember, Laub mittelgrün

Standort: sonnig bis halbschattig, durchlässig, frisch bis feucht, leicht sauer

Verwendung: Kübelpflanze, Wintergarten

Überwinterung: frosthart bis −5 °C

Kumquat

Citrus japonica (syn. *Fortunella japonica*)

Herkunft: Südostasien

Aussehen: breit strauchförmig bis ausladend, stachelig und dicht verzweigt, 2 bis 3 m hoch und bis 1,5 m breit, Blüten weiß, erscheinen an den Langtrieben des Vorjahrs, Laub ledrig, mittelgrün

Standort: sonnig bis halbschattig, durchlässig, frisch bis feucht, leicht sauer

Verwendung: Kübelpflanze, die Früchte wetden mit Schale verzwehrt

Überwinterung: hell, bester Fruchtansatz bei kalter Überwinterung für mindestens ein Vierteljahr bei 0 bis 5 °C

Calamondin, Mandarinquat

Citrus × microcarpa

Herkunft: gärtnerische Züchtung

Aussehen: rundlich strauchförmig, dornenlos, bis 2 m hoch und 1,5 m breit, Blüten weiß von Mai bis Juni, Laub dunkelgrün, ähnlich dem der Mandarine, trägt sehr viele Früchte

Standort: sonnig, durchlässig, frisch bis feucht, leicht sauer

Verwendung: Kübelpflanze, auch im Zimmer bei hellem Standort (Südfenster)

Überwinterung: hell bei 5 bis 7 °C

Mandarine

Citrus × reticulata

Herkunft: China

Aussehen: rundlich strauchförmig, leicht hängender Wuchs, bis 2 m hoch und breit, Blüten weiß von Mai bis Juni, manchmal auch 1 Jahr ohne Blüte, Laub dunkelgrün, Früchte dünnschalig

Standort: sonnig bis halbschattig, durchlässig, frisch bis feucht, leicht sauer

Verwendung: robuste Kübelpflanze

Überwinterung: hell bei 5 bis 7 °C

Zitrone

Bitterorange, Bitterzitrone

Citrus trifoliata (syn. *Poncirus trifoliata*)

Herkunft: Zentral und Nordchina

Aussehen: mittelgroßer, sparriger Busch mit ausgeprägter Bedornung, laubabwerfend, bis 3 m hoch und genauso breit wie hoch, Blüten relativ groß, Blütenblätter papierähnlich, nicht duftend von bis Laub dreiteilig, mittel- bis graugrün, Herbstfärbung gelb bis orange

Standort: sonnig, geschützt, durchlässig, frisch bis feucht, leicht sauer

Verwendung: eine der wenigen gut winterharten Zitruspflanzen, die auch ausgepflanzt gedeihen, die Sorte 'Flying Dragon' (im Handel oft unter der Bezeichnung *Poncirus*) ist schwachwüchsiger und besonders für Kübel geeignet

Überwinterung: winterhart bis −25 °C

Zitruspflanzen selbst vermehren

Wer Zitruspflanzen selbst ausäen möchte, braucht viel Geduld. Oft braucht der kleine Samen (der übrigens nie austrocknen darf, sonst keimt er nicht mehr) viele Jahre bis zur ersten Blüte. Am schnellsten schaffte es wohl die Grapefruit, aber die braucht trotzdem immerhin noch etwa zehn Jahre.

Schneller geht es dagegen mit Stecklingen. Vor allem bei der Zitrone funktioniert diese Vermehrungsmethode besonders gut. Den Stecklingen werden zuerst die obersten Blätter zur Hälfte abgeschnitten und dann das Ende mit Bewurzelungshormon behandelt. In einem warmen Mini-Gewächshaus bei 25 °C bewurzeln die Stecklinge.

Sukkulenten und Kakteen

Aeonium

Agave
Agava americana
Herkunft: Mexiko
Aussehen: große Blattrosetten bildend,
1 bis 2 m hoch und breit, Blüten gelblich
grün von Juli bis August, erscheinen erst
nach 30 oder 40 Jahren, Blätter graugrün
oder weiß-grün gestreift
Standort: sonnig, stark durchlässig, mäßig
nährstoffreich
Verwendung: Kübelpflanze, Blattschmuckpflanze
Überwinterung: bei 2 bis 5 °C, hell

Aloe Vera

Aeonium
Aeonium-Cultivars
Herkunft: Kanarische Inseln
Aussehen: große flache Blattrosetten bildend, die nach dem Abfallen der Blätter in
elegante Stämme übergehen, bis 70 cm
hoch und bei mehreren Stämmen genauso
breit, Blätter hellgrün, bläulich bereift, bei
manchen Sorten auch dunkelrot bis purpurn, fast schwarz
Standort: sonnig, stark durchlässig
Verwendung: Kübelpflanze, Blattschmuckpflanze, Sukkulentenarrangements, im
Sommer auch im Steingarten
Überwinterung: bei 10 bis 15 °C, trocken
und hell

Agave

Mittagsblume

Aloe Vera

Aloe vera

Herkunft: Subtropen, Tropen

Aussehen: rosettenbildend, 50 bis 70 cm hoch und 60 cm breit, Blüten gelb von Juli bis August, Laub hellgrün bis graugrün

Standort: sonnig, durchlässiger Boden

Verwendung: Kübelpflanze, der Saft wird für Kosmetika verwendet

Überwinterung: hell bei 5 bis 10 °C

Stauden-Mittagsblume

Delosperma und *Lampranthus*

Herkunft: Südafrika

Aussehen: teppichartig, niederliegend, kriechend, 10 bis 15 cm hoch und 40 bis 60 cm breit, karmin- bis purpurrote Strahlenblüten mit gelber Mitte, blüht von Juni bis Oktober, Laub blass- bis graugrün

Standort: sonnig, durchlässig, verträgt vor allem im Winter keine Nässe

Verwendung: für Trockenmauern, Balkonkästen, Ampeln oder als Zwischenpflanzung von Sukkulenten, es gibt viele Arten und Sorten, auch solche mit weißen oder gelben Blüten

Überwinterung: vor Nässe schützen, in rauen Lagen oder Gegenden mit strengen Wintern ist eine kühle Überwinterung im Haus oder Wintergarten empfehlenswert, will man die Pflanzen nicht verlieren

Echeverienvielfalt

Feigenkaktusblüte

Echeveria

Echeveria-Cultivars

Herkunft: südliches Nordamerika, Mittel-
amerika, nördliches Südamerika
Aussehen: viele unterschiedliche Wuchs-
formen, lockere oder gestauchte Rosetten,
Blüten orangegelb, orangerot, Laub silber
oder grün
Standort: sonnig
Überwinterung: hell und kühl im Zimmer
Verwendung: Tröge und Sukkulentenpflan-
zungen

Feigenkaktus

Opuntia phaecantha var *longispina* und andere Arten
Herkunft: südliche USA, Mittel- und Südamerika

Aussehen: niedrig wachsender, verzweigter
Blattkaktus mit rundlichen Trieben, Dornen
2 bis 3 cm lang, Blüten orange bis gelb mit
roter Mitte
Standort: sonnig, stark durchlässig, mäßig
nährstoffreich
Verwendung: Kübelpflanze, Steingarten,
Kakteengarten
weitere winterharte Kakteen: viele Kak-
teenarten vertragen durchaus einige Frost-
grade, besonders schön sind *Cylindrocarpus
imbricata* mit pinkfarbenen Blüten und auf-
rechtem Wuchs, *Opunthia-Fragilis*-Cultivars
mit gelben oder rosaroten Blüten und ge-
drungenemWuchs, die stark bedornten
*Opuntia-Hystricin*a-Cultivars sowie verschiedene *Echinodereus*-Cultivars
Überwinterung: vor Nässe schützen

Fetthennen – kompakt wachsend und für kleine Gärten

Botanische Name	Deutscher Name	Aussehen, Höhe	Blütezeit, Farbe
Sedum aizoon	Fetthenne, Gold-Fettblatt	aufrecht buschig, horstbildend, 40–60 cm	Juli bis August, leuchtend gelb
Sedum album	Weißer Mauerpfeffer	polsterbildend, kriechend, 5–10 cm	Juni bis August weiß
Sedum cauticola	Fetthenne, Felsen-Fettblatt	polsterbildend, kriechend, 5–12 cm	August bis September, karminrot bis purpur
Sedum kamtschaticum	Fetthenne, Kamtschatka-Fettblatt	polsterbildend, kriechend, 5–10 cm	Juli bis August, leuchtend gelb
Sedum-Maximum-Cultivar 'Matrona'	Fetthenne	aufrecht buschig, horstbildend, 40–50 cm	August bis September, rosa bis bräunlichrosa
Sedum telephium	Fetthenne	aufrecht buschig, horstbildend, 40–60 cm	August bis September, purpurrosa

Fetthenne

Fetthenne, Pracht-Fetthenne

Sedum spectabile
Herkunft: Mittel- und Südeuropa
Aussehen: aufrecht buschiger Wuchs, horstbildend, 30 bis 50 cm hoch und genauso breit, Blüten leuchtend rosa, von August bis September, Blätter graugrün
Standort: sonnig, durchlässig
Verwendung: für Trockenmauern, Beete und Rabatten, Steingarten, Töpfe und Kübel
Überwinterung: absolut winterhart

Hauswurz

Sempervivum-Arten und Sorten
Herkunft: Mittel- und Südeuropa
Aussehen: kompakt wachsend, polterbildend, 10 bis 15 cm hoch und durch Ausläuferbildung bsi 50 cm breit, Blüten purpurrot,

von Juni bis August, Bätter graugrün, bei genug Sonneneinstrahlung oft rötlich überhaucht
Standort: sonnig, durchlässig
Verwendung: für Trockenmauern, Dachgärten, Tröge und Kübel, Steingarten
Überwinterung: vor Nässe schützen

Fädige Palmlilie, Yucca

Yucca filamentosa
Herkunft: Nordamerika, USA
Aussehen: aufrecht, horstbildend durch kurze, kriechende Rhizome, oberirdisch fast ohne Stamm, 0,6 bis 1,2 m hoch und 0,75 bis 1,5 m breit, Blüten weiß bis cremeweiß von

Hauswurz

Fädige Palmlilie

Palmlilie

Juli bis September, Laub gräulichgrün bis dunkelgrün mit ablösenden Fäden
Standort: sonnig, geschützt, warm
Überwinterung: voll frosthart
Verwendung: vor Mauern oder in trockenen Staudenbeeten

Palmlilie, Yucca

Yucca aloifolia
Herkunft: Nordamerika, Mexiko, Karibik
Aussehen: aufrecht bis strauchförmig, 2 bis 8 m hoch und 2 bis 5 m breit, Blüten weiß bis purpur überlaufen von August bis September, Laub dunkelgrün, auch buntblättrige Formen
Standort: sonnig
Verwendung: Kübelpflanze
Überwinterung: hell bei 5 bis 7 °C

Fetthennen und Hauswurz lassen sich in unendlich vielen Kombinationen verwenden

Adressen

Topfpflanzen sowie Pflanzgefäße und Zubehör bekommen Sie in Gärtnereien, Gartencentern und Blumenläden sowie auf Märkten. Wer auf der Suche nach ausgefalleneren Pflanzen ist, wendet sich an Spezialbetriebe. Nachstehend haben wir zu den wichtigsten Themen eine Auswahl der Firmen, die auch versenden, aufgelistet.
Eine optimale Informationsquelle in allen Pflanzen-Angelegenheiten bietet Ihnen das Gartenforum der Zeitschrift MEIN SCHÖNER GARTEN (www.mein-schoener-garten.de).

Balkonpflanzen und Sommerblumen

Gärtner Pötschke
Beuthener Straße 4
41561 Kaarst
www.gaertner-poetschke.de

Ahrens & Sieberz
53718 Siegburg-Seligenthal
www.ahrens-sieberz.de

Baldur-Garten
Elbinger Straße 12
64625 Bensheim
www.baldur-garten.de

Dieter Stegmeier
Unteres Dorf 7
73457 Essingen

Kübelpflanzen

Ibero Import
Bahnhofstraße 12
37249 Neu-Eichenberg
www.ibero-import.net

Versandgärtnerei Koitzsch
Arheilger Straße 16
64390 Erzhausen

Rudolf und Klara Baum, Gärtnerei (Spezialität: Fuchsien)
Scheffelrain 1
71229 Leonberg

Flora Mediterranea
Königsgütler 5
84072 Au/Hallertau
www.floramediterranea.de

Flora Toskana
Schillerstr. 25 - 89278 Nersingen OT Strass
www.flora-toskana.de

Ziergehölze und Clematis

Baumschule Lorenz von Ehren
Privatverkauf:
GARTEN von Ehren
Maldfeldstraße 2
21077 Hamburg
www.garten-von-ehren.de

Gehölzraritäten
Baumschule H. Hachmann
Brunnenstraße 68
25355 Barmstedt (Holstein)
www.hachmann.de

Rosen

BKN Strobel
über Rosarot Pflanzenversand
Besenbek 4b
25335 Raa-Besenbek
www.rosenversand24.de

W. Kordes' Söhne
Rosenstraße 54
25365 Klein Offenseth-Sparrieshoop
www.kordes-rosen.com

Rosen Welt Tantau
Tornescher Weg 13
25436 Uetersen
www.rosen-tantau.com

Noack Rosen
Im Fenne 54
33334 Gütersloh
www.noack-rosen.de

Rosenhof Schultheis
61231 Bad Nauheim-Steinfurth
www.rosenhof-schultheis.de

Rosen Union
Steinfurther Hauptstraße 27
61231 Bad Nauheim-Steinfurth
www.rosen-union.de

David Austin Roses Ltd
Bowling Green Lane
Albrighton
GB-Wolverhampton WV7 3 HB
www.davidaustinroses.com

Lacon GmbH
J.-S.-Piazolostr. 4
D-68759 Hockenheim
www.lacon-rosen.de

Sukkulente und Kakteen

Uhlig Kakteen
Postfach 11 07
71385 Kernen i R.
www.uhlig-kakteen.com

auf der Internetseite
www. kakteengarten.de
erhalten sie viele Informationen und Bezugsquellen von winterharten Kakteen

Kräuter und Duftpflanzen

Kräuter- und Staudengärtnerei Mann
Schönbacher Straße 25
02708 Lawalde
www.staudenmann.de

Rühlemanns Kräuter und Duftpflanzen
Auf dem Berg 2
27367 Horstedt
www.ruehlemanns.de

Kräuterey Lützel
Im Stillen Winkel 5
57271 Hilchenbach
www.kraeuterey.de

Syringa Duft- und Würzkräuter
Bachstraße 7
78247 Hilzingen-Binningen
www.syringa-samen.de

Blumenschule
Engler & Friesch
Augsburger Straße 62
86956 Schongau
www.blumenschule.de

Kräuter im Brunnenhof
F. Hartmann & G. Seidler
Kornstraße 61
88370 Ebenweiler
www.brunnehof-kraeuter-und-
mehr.de

Stauden- und Kräutergärtnerei
Dieter Gaissmayer
Jungviehweide 3
89257 Illertissen
www.gaissmayer.de

Gärtnerei Treml
Eckerstraße 32
93471 Arnbruck
www.pflanzentreml.de

Stauden

Staudengärtnerei Ernst Pagels
Deichstraße 4
26789 Leer

Staudengärtner Klose
Rosenstraße 10
34253 Lohfelden/Kassel
www.staudengaertner-klose.de

Staudengärtnerei
Arends Maubach
Monschaustraße 76
42369 Wuppertal-Ronsdorf
www.arends-maubach.de

Kayser und Seibert
Wilhelm-Leuschner-Straße 85
64380 Roßdorf
www.kayserundseibert.de

Staudengärtnerei
Gräfin von Zeppelin
79295 Sulzburg-Laufen
www.graefin-v-zeppelin.com

Zwiebelblumen

Albert Treppens
Berliner Straße 84–88
14169 Berlin-Zehlendorf
www.treppens.de

Horst Gewiehs
Blumenzwiebel-Import und
Großhandel
37285 Wehretal

Möbel und Accessoires

Garpa
Kiehnwiese 1
21039 Escheburg
bei Hamburg
www.garpa.de

Ebert Garden Design
Oststr. 23
32051 Herford
www.fiskars.de

Pötschke Ambiente
41561 Kaarst
www.poetschke-ambiente.de

Kehrle Accente (Eschbach GmbH)
Monte da Vinci
53819 Neunkirchen/Siegburg
www.eschbach-accente.de

Trost Terracotta
Bottstraße 1
69231 Rauenberg
www.rauenberger-terracotta.de

Country Garden
Nagolderstraße 27
72119 Ammerbuch-Pfäffingen
www.country-garden.com

Die Gartengalerie
Wössinger Straße 15
75045 Walzbachtal-Wössingen
www.diegartengalerie.de

Grüne Erde
Frauenstraße 6
80469 München
www.grueneerde.de

arte toskana
Eglinger Straße 18
82544 Moosham
Internet: www.arte-toskana.de

Weishäupl Möbelwerkstätten
GmbH
Neumühlweg 9
83067 Stephanskirchen
www.weishaeupl.de

Unopiù
In Deutschland
Lilienthalstr. 8
85399 Hallbergmoos
www.unopiu.de

Unopiù
In Österreich
Am Concorde-Park 2/F
A-2320 Schwechat
www.unopiu.at

Blattwerk – Stiftung Liebenau
Siggenweilerstraße 11
88074 Meckenbeuren
www.blattwerk-versand.de

Register

Halbfette Seitenzahlen ver-
weisen auf Abbildungen

Impressum

Mit 233 Farbfotos von
Michael Bauer, Baden-Baden: 99 o li
Otmar Diez, Sulzthal: 56, 96 ore, 97 o li, 97 re
Fotodienst Fehn, Lage: 61 u
Flora Press, Hamburg: 20, 24
Gartenschatz, Stuttgart: 1, 13 u, 31, 45 o, 49 o, 50 u, 55 u, 65 u,
66 beide, 67 li, 67 re, 68 alle 4, 69 li, 69 Mitte, 7 beide, 70 alle 3,
71 Mitte, 71 re, 72 li, 73 o li, 73 o re, 74 li, 75 beide, 76 alle 3, 77 alle 3,
78 alle 3, 79 beide, 80 beide, 81 beide, 82 o, 83 beide, 84 beide,
85 alle 3, 86 beide, 87 alle 3, 88 u li, 88 u re, 89 o re, 89 u, 90 li, 91 re,
92 beide, 93 o re, 93 u li, 94 beide, 95 Mitte, 97 Mitte, 98 li, 100 beide,
101 alle 3, 103 alle 3, 104 o re, 106 li, 106 re, 107 alle 3, 108 li, 108 u,
109 o li, 109 o re, 114 re, 115 li, 117 beide, 118 li
GBA, Au/Hallertau: 98 u re
GBA/GPL/Vaughan Fleming, Au/Hallertau: 22 u
GBA/GPL/Eric Cricton, Au/Hallertau: 18
GBA/Nichols, Au/Hallertau: 3, 17 beide
GBA/Perder, Au/Hallertau:44
Petra Jarosch, Lahr: 27 o, 61 o
Kientzler GmbH, Gensingen: 88 o re, 89 o li, 91 li, 93 u re
Gisela Markmann-Caspersen, Worth: 116 li
Wolfgang Redeleit, Bienenbüttel: 15 o, 34 u, 54 o, 110 re
Bettina Rehm, Kehl: 4 u, 13 o, 38, 43 u, 45 u, 63 u, 82 u, 114 li
Reinhard Tierfoto, Hans Reinhard, Heiligkreuzsteinach/Eiter-
bach: 5 o, 28, 34 o, 46, 47 o, 57 u, 63 o, 69 re, 72 re, 73 u re, 74 re, 90 o re,
90 u re, 96 u re, 99 u li, 106 Mitte, 108 o re, 118 re
Reinhard Tierfoto, Nils Reinhard, Heiligkreuzsteinach/Eiterbach:
8 o, 15 u, 16 u, 19 beide, 27 u, 33 o, 39 u, 4 o, 41, 42, 51, 53 re, 67 Mitte,
109 u, 110 Mitte, 111 li, 111 re, 119
Manfred Ruckszio, Taunusstein: 29 u, 62, 8 u, 95 li, 99 re, 105 beide,
110 li, 115 re
Silke Sallermann, Offenburg:33 u
Martin Schröder, Offenburg: 5 u, 50 o, 59 o, 65 o, 71 li
Jürgen Stork, Ohlsbach: 6, 23, 25 u, 35 o, 37, 43 o, 49 u, 57 o, 59 u, 118 u
Friedrich Strauß, Au/Hallertau: 9, 12, 16 o, 2, 21, 22 o, 25 o, 26, 30 u,
32, 36 u, 47 u, 54 u, 55 o, 60, 98 o u, 102 beide
Alice Thinschmidt/Daniel Böswirth, Wien: 10 beide, 11, 14, 29 o,
30 o, 39 o, 52, 53 li, 58, 64, 95 re, 96 li, 104 u li, 112 beide, 113, 116 re
Annette Timmermann, Stolpe: 35 u, 36 o, 40, 48

Umschlaggestaltung von **Atelier Reichert,** Stuttgart, unter Verwendung von 6 Fotos von **Ursel Borstell,** Essen (unten rechts),
Gartenschatz, Stuttgart (Rückseite, Chinesischer Roseneibisch),
Jürgen Stork, Ohlsbach (oben Mitte, Terrakotta-Figur), **Alice Thin-
schmidt/Daniel Böswirth,** Wien (oben links, Kumquat und unten
links, Wandelröschen) und **Annette Timmermann,** Stolpe (oben
rechts, Schopflavendel).

Gedruckt auf chlorfrei gebleichtem Papier.

Bibliografische Informationen der Deutschen Bibliothek

Die Deutsche Bibliothek verzeichnet diese Publikation in der Deutschen Nationalbibliografie; detaillierte bibliografische Daten sind
im Internet über http://dnb.ddb.de abrufbar.

© 2005, Franckh-Kosmos Verlags-GmbH & Co.KG, Stuttgart
Alle Rechte vorbehalten
ISBN-13: 978-3-440-10371-5
ISBN-10: 3-440-10371-4
Text- und Bildredaktion: Dr. Folko Kullmann
Grundlayout: Ralf Paucke
Gestaltung: Dr. Folko Kullmann
Produktion: Siegfried Fischer
Printed in Slovak Republic/Imprimé en République Slovaquie

Informationen senden wir Ihnen gerne zu

Bücher · Kalender · Experimentierkästen · Kinder- und Erwachsenenspiele
Natur · Garten · Essen & Trinken · Astronomie
Hunde & Heimtiere · Pferde & Reiten · Tauchen · Angeln & Jagd
Golf · Eisenbahn & Nutzfahrzeuge · Kinderbücher

KOSMOS Postfach 10 60 11
D-70049 Stuttgart
TELEFON +49 (0)711-2191-0
FAX +49 (0)711-2191-422
WEB www.kosmos.de
E-MAIL info@kosmos.de